애도연습

정혜신　　　　　　애도연습

창비
Changbi Publishers

책머리에

누군가의 깊은 속마음을 듣고 난 후엔 꼭 묻습니다. "오늘 이야기를 하고 나니 어떤 마음이 들었나요?" 그 질문을 통해 자신이 했던 이야기를 몇발자국 떨어져서 또다른 자기의 시선으로 바라보는 일이 속마음 말하기의 핵심입니다. 속마음 털어놓는 일을 1부라고 한다면, 그 이야기를 한 후의 마음에 대해 말하는 것은 2부지요. 2부가 없다면 1부에서 생애 최초로 자신의 순정한 마음을 꺼내놓고 이야기를 했더라도 치유 효과는 절반 이하로 떨어집니다.

고통을 치유하는 결정적인 요소는 내 상처의 내용 자체를 드러내는 데서 비롯하지 않습니다. 드러낸 상처에 대한 내 시선이나 태도를 확인하는 과정에서 치유가 결정됩니다. 상사에게 심한 질책을 받은 사람이 그날 상사와 무슨 일이 있었는지, 평소 상사와 관계가 어땠는지, 상사가 어떤 부류의 사람인지

등 1부에 해당하는 이야기를 치열한 전장의 병사처럼 말할 때 저는 모든 체중을 실어 그의 고통에 공감하며 이야기를 듣습니다. 제가 공감할수록 그는 더 격정적으로 생생하게 말하지요.

그후에 그 이야기를 하면서 어떤 마음이 들었는지 물으면 "내가 모멸감을 얼마나 많이 느꼈는지 알았다"거나 "내가 너무 측은하다"거나 "나는 할 만큼 한 것 같다" 등등 전투 상황을 전체적으로 조망하는 지휘관의 말을 합니다. 마음의 지휘관 기능이 자극되었기 때문입니다. 지휘관의 시선이 생기면 그 전투를 어떻게 정리하고 마감할지 결론을 수월하게 내릴 수 있습니다. 옆에서 이래라저래라 조언을 할 필요도 없어요. 상담에서만 그런 게 아닙니다.

삶을 제대로 사는 것(1부)만큼이나 중요한 것이 내가 제대로 살았다는 것을 조망하고 확인하는 행위(2부)입니다. 병사로서 성공적으로 전투를 치르는 것만큼이나 중요한 것은 나의 전투가 훌륭했고 나름의 의미가 있었다는 사실을 확인하는 것이지요. 나의 전투에서 최선을 다했다는 인정, 그 모든 과정에서 나라는 존재가 그 자체로 충분했다는 확인과 인정을 지휘관으로서 인식하는 2부의 행위는 무엇보다 중요합니다. 거기까지 가야 온전하고 편안한 삶, 죽음에 대한 준비를 마친 삶에 다다를 수 있습니다.

몇년 전 남편이 갑작스러운 심정지로 쓰러지는 일을 겪었습니다. 그후 두달여 동안 저는 그와 함께 죽음을 경험했습니다. 그 시간 동안 제가 더욱 절감한 것이 삶에 있어서 2부 시간의 소중함입니다.

사랑하는 사람과 급작스럽게 이별을 한 사람들의 남은 삶이 주체할 수 없이 고통스러운 것은 상당 부분 삶에 대한 정리와 확인이 없었기 때문입니다. 제가 세월호 유가족들과 만날 때의 일입니다. 세월호 유가족들은 만나는 사람들에게 "살아 있을 때 아이에게 사랑한다는 말을 충분히 해주세요"라는 말을 반복해서 했습니다. 사랑한다는 말을 제대로 하지 못했던 삶이 가슴을 짓누르기 때문입니다.

저는 종교를 가지고 있지 않습니다. 그럼에도 상담 과정에서 세월호 유가족들에게 제가 제일 많이 한 말은 "기도하자"는 것이었어요. 생전에 미처 확인하지 못한 것들을 기도를 통해서 아이에게 말해주고 마음을 전하고 나눌 수 있어야 부모들이 나머지 생을 이어갈 수 있어서지요. 유가족 엄마들 중에는 눈을 뜨고 있는 거의 모든 시간을 기도로 보내는 이들도 있습니다. 그 기도의 일부는 아이와 미처 나누지 못했던 것들을 확인하고 다시금 전하고 인정하는 일이기도 합니다.

우리의 삶은 근본적으로 벼락같은 이별을 한 이들의 삶과 한치도 다르지 않습니다. 우리 모두는 언젠가 사랑하는 사람을 벼락처럼 잃고 홀로 남거나 사랑하는 이를 남겨두고 이별의 인사조차 남기지 못한 채 떠나는 존재일 수밖에 없습니다. 그 둘 중 하나가 우리의 삶입니다.

그동안 저는 내 삶의 전투에 매일처럼 참전하는 전투병이었습니다. 그러나 그의 심정지를 겪은 후부터는 지휘관의 시선으로 나의 하루를 돌아보고 그 느낌을 매일 밤 그와 나누었습니다. 그 이야기의 결론은 사랑한다는 말이었어요. 그렇게 밤마다 정리하고 작별하고 아침이면 다시 새롭게 만나게 됩니다. 삶과 죽음이 홀가분하게 동거하는 삶을 사는 중입니다. 그 삶은 뜻밖에도 암울하거나 우울하지 않고 사랑이 넘치고 자유롭습니다. 삶과 죽음이 동거하는 삶을 또렷이 인식하기 시작한 후, 나의 매일은 꽃다발 같은 시간입니다.

정혜신

죽음에 대해
이야기한다는 것

죽음이라는 화두, 특히나 사랑하는 사람을 잃고 난 이후의 삶에 대한 이야기를 해보려 합니다. 누구나 겪는 일이니까 독자 여러분과 마음의 눈을 맞추며 함께 이야기하고 싶습니다.

'소경 코끼리 만지듯'이라는 말이 있지요. 코끼리 정도만큼만 커도 사람이 그 전모를 파악하기 어렵다는 말인데, 은하수처럼 아득하고 막막한 죽음에 대해 이야기한다는 건 훨씬 더 어려운 일 같습니다. 인류가 생긴 이래로 죽음에 대해 빛나는 성찰과 해석, 통찰을 보여준 사람과 이야기가 헤아릴 수 없을 만큼 많습니다. 그러니 그 주제에 대해 제가 무언가를 더 언급한다는 건 용감하거나 무모하거나 둘 중 하나일 거예요. 무모해지지 않기 위해 저는 죽음 가운데 아주 일부만 이야기하기로 마음먹었습니다.

저는 직업적으로 사랑하는 사람을 잃은 이들을 많이 만났습니다. 각각의 슬픔과 그리움, 분노와 서러움, 억울함이 담긴 여러 결의 마음을 접하고 나눴습니다. 은하수보다 더 막막한 죽음이라는 주제 가운데 그들과 이야기 나누면서 갖게 된 생각과 감정에 대해서만 말한다면 그다지 무모하지 않을 수 있겠다, 딱 그만큼의 의미만은 확보할 수 있겠다 싶었습니다.

우리 주변에는 늙고 병든 부모를 모시면서 죽음의 그림자를 접한 사람도 있고 사랑하는 사람을 잃은 사람들도 있습니다. 오래 키워온 고양이나 개를 잃은 경험을 일생에 가장 아팠던 일로 꼽는 사람도 많이 봤습니다. 사람이든 아니든 어떤 죽음도 폄하할 수는 없습니다. 죽음이 곁에 있던 사람에게 주는 파괴력은 생각보다 훨씬 압도적이기 때문입니다. 죽음이 주는 상처는 무엇을 어떻게 상상하든 그 이상입니다.

나의 죽음과
마주하면서

오래전 일을 꺼내볼까 합니다. 세월호 참사 직후의 일입니다. 저희 부부는 안산으로 거처를 옮기고 치유공간 이웃(이후로는 '이웃'으로 표기)이라는 트라우마 치유센터를 만들었습니다. 그곳에서 긴 시간 동안 세월호 유가족들과 속마음을 털어놓고 여러 치유 활동을 했습니다. 그렇게 2년여가 지난 어느 날 남편과 저 두 사람 다 몸이 많이 안 좋아져서 종합건강검진을 받았습니다.

검사 며칠 후 병원에서 온 전화를 받았습니다. 두 사람 모두에게 암이 의심되는 징후가 있다더군요. 남편은 간과 다른 한곳에 암이 의심되는데 간에는 직경 5센티미터나 되는 종양 덩어리가 보여서 전이 여부를 판단해야 한다는 이야기를 들었습니다. 제게는 신장과 유방에 암이 의심된다며 정밀진단이 필요하다고 했고요. 그 전화의 내용을 남편에게 전했더니 남편이

1분쯤 가만히 있다가 제게 물었습니다. "그동안 살면서 여한이 없다고 했지?" 제가 그렇다고 말하니 남편도 "그럼 됐어, 나도 여한이 없어" 하더군요. 그렇게 이야기하고 서로 웃었습니다.

사실 그날 명동성당에서 3시간 정도 세월호 민간잠수사들과 집단상담을 하기로 되어 있었습니다. 잠수사들의 고통에 집중해야 하는 날이었지요. 그래서 '왜 하필 전화가 이 순간에 왔을까' 하는 생각을 했습니다. 그 전화 때문에 마음이 심란해져서 그들의 이야기를 귀담아듣지 못할까봐 걱정이 됐기 때문입니다. 그런데 상담을 다 마치고서야 알았습니다. 잠수사분들의 이야기를 듣는 내내 제가 한시도 집중력을 잃지 않았다는 사실을요. 저희 부부의 건강검진 결과가 저를 심란하게 만들지 않았던 겁니다. 제 죽음을 연상케 하는 일이 생겼는데 그것이 제 일상에 직접적인 영향을 미치지 못한다는 사실이 조금 의외였습니다.

저희 부부는 그날 저녁부터 다시 검사를 받기로 한 일주일 후까지 시간이 날 때마다 많은 이야기를 나누었습니다. 그동안 우리가 이렇게 살았지, 우리에게 이런 일도 있었지. 우리가 아이들에게는 이런 부모였고 식구들에게는 이런 존재였겠지, 친구들이나 후배들에게 이렇게 했지, 최근 3년 동안은 세월호 때문에 안산에서 많은 일을 겪었지, 그러면서 이러저러한 사람들을 만났었지 등 지난 일들을 떠올리며 그동안 우리가 어떤 태도로 살아왔는지 이야기했어요. 그게 참 좋았습니다. 제 삶을 편안하게 정리할 수 있어서, 그 삶이 제 기대와 크게 어긋나지 않았음을 확인할 수 있어서 더 좋았습니다. 그 일을 세상에서 가장 사랑하는 사람과 함께할 수 있다는 게 축복 같았고 마음도 편안했습니다.

　다른 무엇을 위해서 우리를 희생하지 않고 서로의 욕구에 충실하게 살았던 시간들을 복기하면서 '남들은 우리가 이렇게 살았는지 상상도 못 할 거야'라며 은밀하게 즐거워하기도 했습니다. 실제로 저희는 그렇게 살았거든요. 다른 사람들 보기에 우리가 이타적인 활동을 하고 있었을 때도 우리가 그 일을 했던 가장 결정적인 이유는 그 일이 끌렸기 때문입니다. 내가, 우리가 할 수 있고 하고 싶었던 일이 당시에는 바로 그 일이었기 때문에 한 겁니다. 언제나 그랬어요. 잘할 수 없거나 끌리지 않는 일은 아무리 그럴듯해 보이고 절박해 보여도 개입하지 않았습니다. 그렇게 개입한 일은 오래 할 수가 없으니까요. 그 모든 과정을 되돌아본 일주일은 저희 부부에게 말할 수 없이 평화로운 시간이었습니다. 둘이서 '우리 잘못 살지 않았나봐'라고 말했던 새벽의 기억들이 생생합니다.

그렇게 일주일을 보내고 재검을 받으러 가면서 이런 이야기를 했습니다. 둘이 합쳐 네군데에 암이 의심된다고 했으니 확률적으로 그중 하나 정도는 암으로 나오지 않겠느냐, 그러면 우리 둘 중 한명은 암에 걸릴 것이고 그러면 다른 한 사람의 삶도 비슷한 상황에 빠질 텐데, 그렇더라도 늘 그랬듯이 서로에게 최선을 다해 사랑하고 마음을 쓰자. 그런 마음으로 남편과 손잡고 병원에 갔는데 다행히 두 사람 모두 암이 아닌 것으로 나왔습니다. 운이 좋았지요.

저는 그 일주일간의 '이해할 수 없는 평화로움'을 안산에 머물면서 받은 선물, 세월호 아이들에게서 받은 선물이라고 생각합니다. 안산에서 보낸 나날은 우리 부부의 삶의 중심에 줄곧 죽음이 놓여 있던 시간이었습니다. 그 수많은 죽음들을 한 치도 외면하지 않고 둘이 함께 깊이 공유하고 이야기했던 2년여의 경험이 내 죽음이나 남편의 죽음을 마주하고도 혼란에 빠지지 않게 만든 것 같습니다. 그런 의미에서 안산에서의 시간은 우리에게 선물 같은 시간입니다.

삶을 지탱하는
마음의 안전망

우리나라는 사회안전망이 부실해서 한두가지 위기나 상처를 만나면 삶이 벼랑처럼 급전직하하는 경우가 많습니다. 본래 사회안전망이란 사회보험이나 공공부조처럼 국민을 실업, 빈곤, 재해 같은 사회적 위험으로부터 보호하는 제도적 장치를 말합니다. 우리 삶의 물리적 토대가 되는 최소한의 장치인 것이지요.

하지만 저는 조금 더 폭넓은 관점에서 사회안전망을 생각합니다. 제가 생각하는 사회안전망은 내 가족이나 친구처럼 사랑하는 사람을 잃었을 때 혹은 내게 그런 일이 생겼을 때 그 고통을 함께 이야기할 수 있는 사람이 한 사람이라도 곁에 있는 것이라고 생각합니다. 그게 없으면 한 사람이 자신의 생을 건강하게 건너가기 어렵습니다. 결국 삶이 무너지게 됩니다.

2013년에 개봉한 「님아, 그 강을 건너지 마오」라는 다큐멘

터리가 있습니다. 500만명 가까운 관객을 동원했다고 하니 보신 분들이 있을 거예요. 금슬 좋은 90대 노부부의 이야기를 다룬 영화인데, 촬영 중에 할아버지께서 노환으로 돌아가십니다. 여기 보면 할아버지가 돌아가시기 전에 할머니께서 장에 나가 어린아이 내복 몇벌을 사는 장면이 있습니다. 저는 증손주들 주려고 그러시는 줄 알았는데 그게 아니었어요. 내복을 사온 할머니께서 할아버지께 이렇게 말씀합니다. "할아버지, 우리가 그때 돈이 없어서 아이들 내복도 못 입혔잖아요. 거기 가면 우리 아이들에게 이 내복 입혀줘요."

본래 두분 사이에 자식이 12명 있었는데 전쟁과 홍역으로 그 가운데 6명이나 목숨을 잃었다고 해요. 그러니까 70년쯤 전에 죽은 자식들 이야기를 하시는 거예요. 두분이 자식도 많이 낳고 평생 사랑하며 행복하게 사셨지만 할아버지의 임종을 앞둔 마지막 순간 할머니는 수십년 전에 죽은 자식을 떠올린 겁니다. 마치 '그동안 입 밖에 꺼내진 않았지만 당신도 알고 나도 아는, 우리가 꼭 해야 하는 말이 이거잖아' 하는 느낌이었어요. 저는 아직도 영화의 그 장면이 생생합니다.

세월호 참사 이후 팽목항이나 안산에 자원봉사 하러 오신 분들 가운데 '나도 자식을 잃은 경험이 있다' '동생을 잃었다'

하시며 본인의 고통을 털어놓고 세월호 유가족들과 함께 눈물 흘리고 슬퍼하셨던 분들이 많았습니다. 그중에 한 50대 주부가 그래요. 본인이 새댁 때 첫아이를 열흘 만에 잃었대요. 농사지으면서 힘들게 살던 때라 낳기도 혼자 낳았고 아이가 잘못된 후에도 혼자 묻었다고 합니다. 아무한테서도 위로를 못 받고 지나간 거죠. 그 아이는 이름도 없었다고 해요. 그런데 지난 30년간 가슴에 묻고 살았던 고통이 세월호 참사를 보면서 다시 떠오른 겁니다. 그 후로 느닷없이 남편과 시부모에 대한 적의가 생겼다는 거예요.

세월호 피해자가 아니라도 비슷한 상처를 가진 사람들은 세월호 유가족을 향한 비난과 막말에 자기들도 똑같이 상처받았다고 이야기합니다. 세월호 유가족을 상처 입힌 말이나 30년 전 아기를 잃은 엄마의 가슴을 찌른 비수는 같습니다. 이제 그만하라는 말이 그것입니다. 다들 이제 그만하라는 말 때문에 피해자인데도 오히려 죄의식을 느끼고 있어요. '그만해라, 그 정도 했으면 됐다'라는 말은 이 세상 어느 누구도 내 슬픔을 이해할 수 없을 거라는 극단의 고립감을 부추기는 무서운 말입니다.

슬픔 그 자체보다 더 힘든 것이 슬픔을 슬퍼하지 못하는 거예요. 충분히 슬퍼하지 못하면 결코 그 슬픔을 넘어설 수는 없습니다. 사랑하는 사람을 잃은 상처를 가슴속에 묻어뒀던 많은 분들이 세월호 유가족들과 함께 울고 그들을 위로하는 과정에서 자신의 상처에도 딱지가 앉는 치유를 경험했습니다.

많은 사람들이 자신의 슬픔을 억누릅니다. 제가 만난 한 아빠는 아이를 잃고도 자기가 울면 우리 집은 다 무너질 거라며 억지로 슬픔을 참았습니다. 아내도 울다 정신을 잃곤 하는데 가장인 자기가 울기 시작하면 모든 게 끝장난다는 것이지요. 하지만 저는 이렇게 말합니다. 온 식구가 목 놓아 울다가 집안이 무너진 경우는 못 봤어도 제대로 울지 못해서 집안이 무너진 경우는 많이 봤다고요.

실제로 그런 일이 있었습니다. 삼형제 중 막내였던 한 40대 남성이 저를 찾아와서 이런 이야기를 했습니다. 이분이 중학교 3학년 때 작은형이 교통사고로 세상을 떠났대요. 그런데 형의 장례를 치른 다음날 그분 아버지께서 가족들에게 오늘부터 아무 일도 없던 것처럼 살자고 했대요. 그때부터 작은형 사진과 물건들을 다 없애고 작은형에 대해서는 아무 언급도 하지 않고 살았답니다. 그런데 이분이 고등학교 2학년이 됐을 때 또 대학 다니던 큰형이 엠티에 갔다가 익사사고로 죽습니다. 이때도 부모님들은 장례 끝날 때까지 막내인 그분께 형의 죽음을 숨겼다고 해요. 이분이 사실을 알게 된 것도 장례 끝나고 며칠 후 하굣길에 학교에 찾아온 외삼촌이 이야기를 해줬기 때문이랍니다. 그런데 이분이 정말 아무것도 몰랐을까요? 아들 잃고 장례를 치르는 동안 그 집 부모님의 마음이, 그분들의 표정이나 분위기가 평소와 같을 수 있었을까요? 한집에 살면서 그걸 모를 수 있을까요? 너무 이상한데 아무도 이야기를 안 하는 해괴한 상황이 며칠간 지속된 겁니다. 하지만 이분이 사실을 알고 난 이후에도 상황은 달라지지 않았습니다. 아무도 큰형의 죽음에 대해 이야기하지 않고 모두 아무 일도 없었던 것처럼 살아가게 된 거예요.

하지만 아무렇지 않은 척한다고 정말 괜찮았을까요? 물론 그렇지 않겠지요. 그 가족의 삶은 조용히 무너졌습니다. 둘째 형을 잃은 다음부터 아버지는 매일 술을 마시다가 결국 간경화로 돌아가셨고, 아버지 병간호를 하던 어머니도 아버지 돌아가신 후부터 시름시름 앓다가 몇년 전 치매 진단을 받았다고 합니다. 어머니 병세는 서서히 악화돼서 하나 남은 막내아들을 알아보기도 하고 못 알아보기도 했는데, 어느날 어머니께서 아들을 불러 20여년간 한번도 꺼내지 않았던 이야기를 하셨답니다. 큰형, 둘째 형 기일이 언제인지 알려준 거예요. 치매 노인이 평생 한번도 챙긴 적 없던 두 아들의 기일을 또렷이 기억하고 있었던 겁니다. 그리고 이튿날 어머니는 거짓말처럼 완전히 정신을 놓고 아무도 못 알아보는 상태가 되었다고 해요.

저를 찾아온 그분도 둘째 형을 잃은 때부터 평생을 이유 없이 온몸이 아프고 설명할 수 없는 무력감에 질질 끌려다니는 채로 살았습니다. 아버지의 간경화, 어머니의 치매, 아들의 원인 모를 병은 두 형제의 죽음을 피하려고 사력을 다했던 가족이 치른 한스럽고 억울한 댓가였습니다.

사랑하는 사람과 헤어져야 하는 벼락같은 이별 앞에 목 놓아 울 수 있어야 나머지 생을 비틀리지 않고 살 수 있어요. 슬픔을 슬퍼할 수 있도록 도와주는 일은 그래서 사람을 살리는 일입니다. 우리가 살면서 반드시 배워야 하는 것이 있다면 그건 사랑하는 사람과 헤어진 뒤 슬픔에 대처하는 법입니다. 어느 누구도 피할 수 없는 일이기 때문에, 살면서 한번은 반드시 직면하게 되는 일이기 때문에 그렇습니다. 그것이 변하지 않는 삶의 진실입니다. 사랑하는 사람의 죽음은 남아 있는 사람에게 그만큼 압도적이고 파괴적인 영향을 줍니다. 그래서 사랑하는 사람의 죽음은 나의 죽음이기도 합니다.

그러나 울고 있는 내 곁에 이제 그만하라고 재촉하거나 비난하는 대신 함께 울어줄 수 있는 사람이 있으면, 산 사람은 살아야지, 남은 가족을 생각해야지 같은 어쭙잖은 조언 대신 내 눈물이 마를 때까지, 떠난 사람에 대해 더는 할 이야기가 없을 만큼 하고 싶은 이야기를 모두 털어놓을 때까지 내 곁에서 산처럼 묵묵하고 바다처럼 먹먹하게 버텨줄 수 있는 사람이 있으면, 울고 싶을 때는 마음껏 울 수 있고 웃고 싶을 땐 마음껏 웃을 수 있도록 세상에서 가장 안전한 느낌을 주는 사람이 있으면, 나는 가장 빠르고 단단하게 슬픔을 회복하고 일상으로 돌아올 수 있습니다. 자격증이 있는 사람이 치유자가 아니라 이렇게 해줄 수 있는 사람이 진짜 치유자입니다. 이런 사람들이 옆에 있는 것이 제가 생각하는 진짜 사회안전망입니다.

떠난 사람은
항상 눈물과 함께 온다

　사랑하는 사람을 잃은 상처는 시간이 간다고 옅어지지 않지만 충분히 슬퍼하지 못한 슬픔은 상처의 통증과 함께 고름으로 가득 차게 됩니다. 충분히 슬퍼하고 그 슬픔이 충분히 받아들여지는 경험을 하면, 벼락같은 고통이 다 사라지진 않아도 그 상처가 피눈물이나 꽉 찬 고름 같은 형태가 아니라 뼈저린 그리움 같은 형태로 남아요. 둘 다 아프지만 큰 차이가 있어요. 고름이나 피눈물 같은 상처는 사람을 뒤틀어서 이후에 맺는 관계를 꼬아놓는 경우가 많아요. 하지만 뼈저린 그리움은 사람을 뒤틀지 않아요. 다른 사람과 나눌 수 있는 상처이기 때문에 일상적인 관계를 파괴하지도 않지요.

　그 예로 자식을 잃은 한 엄마가 우연히 어떤 사람을 만나서 아들의 죽음에 대해 이야기하게 됐대요. 그런데 그 사람이 죽은 아들의 이름을 말하면서 "지금도 너무 보고 싶으시겠어요" 하며 손을 잡았다는 거예요. 엄마는 그 말에 굉장한 위로를 받았답니다. 별것 아닌 일처럼 보이지만 현실에선 이게 쉽지 않습니다. 누군가 죽은 자식 이야기를 하면 은근히 말을 돌리며 피하는 경우가 많은데 그 사람은 아들을 그리워하는 엄마의 마음에 눈을 맞추고 엄마의 슬픔을 정면에서 함께 봐준 겁니다. 처음 만난 사람이지만 죽은 아들이 한때 생생하게 살아 숨 쉬던 사랑스러운 존재였음을 알아주고 인정해줬다는 느낌이 엄마를 평화롭게 한 거예요.

사랑하는 이의 죽음이 생생하게 실감되는 순간마다 사람은 공포에 가까운 상처를 받게 됩니다. 극단의 통증, 애가 끊어지는 것 같은 그리움, 극단의 무력감 같은 감정을 경험합니다. 그 감정이 화면을 재생하듯 반복되지요. 물리적 죽음이 정서적 죽음으로 이어질 때 죽음은 그 모습을 가장 생생하게 드러냅니다. 정서적 죽음이란 완전히 잊히는 것을 말합니다. 물리적 죽음으로 더는 사랑하는 사람을 곁에서 지켜볼 수 없어도 그를 잊지 않고 계속 기억해서 정서적 죽음으로 이어지지 않으면 상실의 고통은 고름으로 덧나거나 남은 사람의 일상을 망가뜨리지 않습니다.

눈에 보이지 않는다고 금세 잊어버리기보다 그를 사랑하

는 다른 사람들과 함께 그를 기억하고 이야기하는 것이 사랑하는 사람의 죽음을 대하는 가장 건강한 태도입니다. 떠난 사람과 함께했던 시간들, 그 사람의 활동과 관계들, 생생했던 표정과 말들을 추억하고 함께 이야기하는 과정은 물리적 죽음이 정서적 죽음으로 이어지지 않게 해서 남은 사람들을 위로합니다.

사랑하는 사람을 잃은 후에 흘리는 모든 눈물 속에는 그 사람이 들어 있습니다. 떠난 사람은 항상 눈물과 함께 사랑하는 사람을 찾아옵니다. 그래서 눈물을 막으면 목숨처럼 사랑하는 그 사람은 내가 걸어 잠근 문 앞에서 들어오지 못하고 서성이게 됩니다. 그 사람을 다시 만날 수 있어야 내 슬픔을 통제할 수 있습니다. 그 사람을 마음에서 다시 맞이하고 생생하게 기억함으로써 그 사람의 부재로 인한 공포를 통제할 수 있습니다. 그를 맞이하는 모든 과정은 눈물과 함께 시작됩니다. 그래서 눈물 없이는 사랑하는 사람을 떠나보낸 고통을 치유할 수 없습니다.

고통에도
등급이 있나요

사랑하는 사람을 잃고도 그 아픔과 눈물을 외면하는 중요한 이유 중 하나가 고통에도 등급이 있다는 무의식적인 생각이 아닌가 싶습니다. 형제를 잃은 청소년이나 청년들 이야기를 들으면 그들이 공통적으로 이야기하는 경험이 있습니다. 주변 사람들이 '이제부터는 네가 부모님께 잘해야 한다' '이제부터는 네가 부모를 잘 보살펴야 한다'라는 이야기를 반복적으로 한다는 겁니다. '지금 네 마음이 어떠니?' '너는 얼마나 힘드니?'라고 묻는 사람이 없다는 거예요.

아이가 세상을 떠나면 가족 중 가장 고통받는 사람은 엄마일 거란 생각이 우리가 가진 상식입니다. 어느정도는 맞는 말이지요. 엄마 다음은 아빠, 그다음은 형제순이라는 생각, 이렇듯 우리는 은연중에 고통의 순위를 매기고는 합니다. 그래서 또다른 상처를 만들어내기도 합니다. 모든 고통과 슬픔은 개별적이고 주관적인데 말입니다.

실제로 형제를 잃은 아이들은 부모가 있으면 울지 못하고 참는 경우가 많습니다. 자기보다 엄마가 더 힘들 거라는 생각에 숨어서 울거나 엄마가 없을 때만 울거나 정 힘들면 집 밖을 배회하며 웁니다. 그런 식으로 고통을 억누르는 것은 그 시기의 아이들에게는 너무도 가혹한 일입니다.

안산에는 세월호 희생 학생들의 어린 시절 친구들이 많습니다. 초등학교, 중학교 동창도 있고, 학원이나 교회, 성당에 함께 다니던 친구들도 있습니다. '이웃'에서 세월호 희생 학생의 중학교 동창들의 속마음을 담은 치유 다큐멘터리 「친구들」을 만들었는데, 공동체 상영을 통해 무려 1만 3000명이나 되는 사람들이 그 친구들의 마음에 공감했습니다.

세월호 참사 직후 저는 주로 유가족들을 만났고 그후에는 죽은 아이들을 껴안고 뭍으로 올라왔던 민간잠수사들을 만났습니다. 그들의 고통을 돌보는 것이 급선무였지요. 한참 지난 후에 희생 학생 친구들의 존재를 알게 됐습니다. 이 아이들이 너무 힘들어한다는 것을 그제서야 알게 된 겁니다. 그래서 이 아이들의 마음속 이야기를 듣기 시작했습니다.

한 친구는 희생 학생의 중학교 동창인데 세월호 참사로 친

구를 여러명 잃은 아이였어요. 이 친구가 참사 후 너무 고통스
러워서 죽으려고 아파트 옥상에 몇번이나 올라갔답니다. 그런
데 결국엔 죽지 못하고 내려왔대요. 왜 그랬는지 물으니 친구
를 잃은 고통이 얼마나 큰지 너무도 잘 알기 때문에 내려올 수
밖에 없었다고 하더라고요. 자기가 여기서 떨어져서 죽으면 자
기 친구들이 평생 동안 어떤 고통을 겪을지 너무 생생하게 느
껴져서 차마 죽을 수 없었다고요. 친구를 잃은 아이들의 마음
이 이 정도로 아픈 겁니다.

또다른 한 아이는 참사 후에 밤마다 이불 속에서 종이 찢
는 습관이 생겼답니다. 힘든데 이야기할 사람도 없고 이야기하
면 부모를 포함한 주위 사람들이 네가 뭔데 힘들다고 난리냐고
비난할 것 같아서 그랬다고 합니다. 안절부절못하며 하루하루
버티던 이 아이는 연습장을 잔뜩 사서 밤마다 이불 속에서 울
면서 종이를 찢었습니다. 유가족도 아니고 생존 학생도 아니고
단지 친구를 잃은 아이들이 이렇게 고통스러운 시간을 통과하
고 있었습니다.

그런 아이들을 더 힘들게 한 것이 있는데 바로 고통에 등
급이 있다는 생각입니다. 아이들 스스로도 '우리는 가족이 아
니잖아요' '가족보다 내가 더 슬플 수는 없잖아요' 하면서 자기

슬픔과 고통을 뒤로 미루고 있던 겁니다. 하지만 슬픔의 자격을 따지고 고통의 등급을 매기며 자기 상처를 외면하며 살아가는 삶이 정상적일 수는 없습니다.

많이 알려지지는 않았지만 세월호 희생 학생의 친구들 가운데 특히 가까운 관계였던 아이들, 이를테면 남자친구, 여자친구였거나 어릴 때부터 단짝이었던 아이 중에는 스스로 목숨을 끊은 아이들도 있습니다. 그 정도로 고통스러운 겁니다. 그런데도 그 아이들 중에는 '내가 왜 이리 유난을 떨지' 하는 경우가 많습니다. 자신의 슬픔을 마음껏 슬퍼할 수 없는 것으로 분류하고 억누르는 동안 그것이 눈덩이처럼 불어난 겁니다.

모든 고통은
개별적이다

오래전 제 딸아이가 울면서 대학 다닐 때 힘든 일이 있었다는 이야기를 한 적이 있습니다. 왜 그때 이야기하지 않았느냐고 물었더니 그때는 우리 부부가 안산에 들어가 있었고 가끔 집에 돌아왔을 때도 지쳐 보여서 이야기를 못 했답니다. 이야기하고 싶었지만 세월호 유가족들의 고통에 비하면 자기 고통이 너무 사치스러운 것 같았다는 거예요. 또 자기는 세월호 생존 학생들이나 희생 학생들보다 나이도 많으니 더 어른스럽게 견뎌야 한다고 생각했던 겁니다.

딸아이의 그 말을 듣고 저는 일단 사과부터 했습니다. 네가 힘들 때 엄마가 도움이 못 돼서 미안하다고, 네가 힘들다는 걸 알지도 못했다는 사실이 마음 아프다고 말했어요. 저는 사과해야 하는 문제라고 생각합니다. 제가 세월호의 아픔과 딸의 고통을 전부 품을 수 있는 넓은 포용력을 가진 사람이라서가 아닙니다. 세월호 경우처럼 모두가 크게 아픈 고통도 있지만 남들 눈에는 가벼워 보여도 당사자에게는 큰 아픔을 주는 고통도 있기 때문입니다. 모든 고통은 개별적이고 주관적이므로 다른 고통과 비교하면서 누군가의 고통을 폄하하거나 억누르면 안 됩니다.

제가 만약 딸에게 '지금 엄마가 어떤 상황인지 알잖니. 안산에는 너보다 훨씬 아픈 사람이 얼마나 많은데 그까짓 일로 힘들다고 하니? 네가 나이가 몇이니?'라고 말했다면 그건 명백한 심리적 폭력입니다. 그 대신 저는 딸에게 "어떻게 보면 너도 세월호 피해자구나"라고 말했습니다. 물론 다른 사람들 앞에서 공개적으로 할 말은 아니지만 딸에게 개인적으로는 그렇게 말해줄 수 있다고 생각합니다.

예전에 고문 생존자 한분과 상담을 하면서 먼저 아이에게 사과하라고 권한 적이 있습니다. 전두환정권 때 안기부에 끌려가서 고문 끝에 '빨갱이'로 조작되어 근 20년을 수감되었던 분이었습니다. 이분이 감옥에 끌려갔을 때 아내 배 속에 아이가 있었습니다. 그러니 이분이 풀려났을 때 그 아이는 이미 성인이 돼 있었지요. 그런데 그 딸이 아버지 만나는 걸 거부했다고 합니다. 딸을 만나 그간 못다 한 이야기도 하고 위로도 받고 싶었던 그분께는 너무 억울한 일이었죠. 수감생활 동안 세상으로부터 버림받았다고 느끼며 살았는데 출소 후에 자식에게까지 거부당했으니까요.

저는 그런 딸을 비난하는 그분께 우선 따님께 사과해야 한다고 이야기했습니다. "선생님이 얼마나 억울한지 잘 압니다. 그 억울함을 풀기 위해서 끝까지 싸워야 한다는 데 한치의 이견도 없습니다. 그러나 그것과는 별개로 그동안 따님은 빨갱이의 딸이라는 낙인 때문에 어릴 때부터 수없는 따돌림과 불이익을 당했을 겁니다. 따님은 그 모든 고통이 아버지 때문이라고 생각할 수 있습니다. 선생님이 당한 피해와는 별개로 선생님은 본의 아니게 따님에게 상처를 준 것이 사실입니다. 그러니 그것은 그것대로 사과를 해야 맞습니다. 선생님 입장에선 받아들이기 어렵고 억울한 일이겠지만 그래야 따님과의 관계가 그다음 단계로 넘어갈 수 있습니다."

고문과 수감의 고통 앞에서는 어떤 고통도 말하면 안 될까요? 그렇지 않습니다. 세월호 희생 학생의 친구들이 자기 고통을 말하는 걸 힘들어하기에 저는 "모든 고통은 별개다. 유가족들이 죽을 만큼 아파해도 너희 고통은 그와는 별개다. 그러니다 이야기할 수 있다"라고 말했습니다. 그래도 아이들은 "친구

부모님들은 더 힘들잖아요"라면서 자꾸 말을 삼켰습니다. 저는 "나는 지금 너희 이야기에만 관심이 있다"라고 단호하게 말했습니다. 그런 과정을 거치고 나서야 아이들이 쭈뼛쭈뼛 자기 고통에 대해 이야기하기 시작했습니다. 자살 시도를 했던 아이, 정신과 약을 먹는 아이, 밤새 혼자서 분노와 싸우는 아이 들을 그렇게 만나기 시작했습니다.

그때 한 아이의 말이 잊히지 않습니다. "영화로 치면 우리는 조연도 아니고 엑스트라 중의 엑스트라잖아요. 우리는 세월호 관계자라고 할 수 없잖아요. 그런 우리가 힘들다고 우리 이야기를 막 하면 안 되는 거잖아요." 그런 생각이 이 아이에게만 있는 건 아니었습니다. 세월호 생존 학생 부모는 세월호 유가족 앞에서, 유가족은 미수습자 부모 앞에서, 내 고통은 저들의 고통에 비하면 아무것도 아니라고 생각합니다. 그래서 자기 고통을 누릅니다.

피해자들만 그런 게 아닙니다. '이웃'에는 자원봉사자들이 많습니다. 주로 자식을 잃은 부모의 아픔에 공감해서 전국 각지에서 도우러 온 엄마들입니다. 아이가 학교에 다니는 학기 중에는 별문제가 없는데 방학 때가 되면 이분들이 갈등하기 시작합니다. 방학이라 아이와 함께 집에 있어줘야 할 것 같은데 그런 생각을 하다보면 자기가 너무 이기적이라는 생각이 드는 겁니다. '사고로 자식을 영영 못 보게 된 사람들의 아픔에 공감하고 그들을 돕겠다고 시작한 활동인데 내 자식 간식 챙기겠다고 빠지겠다는 생각을 하는 게 말이 되나?' 이런 고민을 하는 겁니다. 그때마다 저는 이렇게 말했습니다. "방학 때는 오지 마세요. 그때도 올 수 있는 엄마들이 몇명 있어서 괜찮아요. 그분들이 형편이 안 되면 그때 도와주면 돼요. 우선 내 아이부터 돌보는 게 먼저예요." 노약자부터 구해야 하는 응급 상황을 제외한 대부분의 일상에서 모든 사람의 모든 일상은 다 개별적으로 존중받아야 마땅합니다.

2022년 10월 29일 이태원 참사가 벌어졌지요. 너무 가슴 아프고 고통스러운 일이었습니다. 저는 참사 초기에 슬픔과 안타까움을 느끼는 동시에 굉장한 분노가 생겼어요. 저와 같은 감정을 느낀 분들도 있겠지만 그렇지 않은 경우도 충분히 있을 수 있어요. 이태원이라는 장소에서 멀리 떨어진 곳에 살고 있거나, 핼러윈이라는 서양 축제에 대해 문화적 거리감이 있어서 그 일에 감정 이입이 잘 안될 수도 있어요. 그런데 이런 분들은 속으론 당황하게 되지요. TV에선 이태원역에 가서 애도를 표현하는 사람들도 나오는데 나는 강 건너 불구경 하는 것 같고 '나는 공감 능력이 없는 사람 아닐까'하고 자기 검열을 하기도 합니다. 그런데 그럴 수도 있는 거예요. 사람은 동일한 상황에 처했어도 똑같은 모습과 똑같은 강도의 감정을 느끼지 않아요. 우린 기계가 아니니까요. 다양한 사람이 존재하는 만큼 공감의 모양도 다 달라요. 심지어 피해 당사자인 경우에도 당장 슬픔이 느껴지지 않기도 해요. 주변 사람들은 너무 힘들겠다고 말하며 걱정을 해주지만 정작 당사자는 비현실적인 사건을 겪은 터라 오히려 더 무덤덤하기도 해요. 그러다 시간이 훌쩍 지난 어느 날부터 걷잡을 수 없는 감정의 늪에 빠지기도 하고요. 사람들이 갖는 슬픔의 스펙트럼은 정말 다양합니다. 우리가 미처 다 헤아리지 못할 정도지요. 그러니 유가족─생존 학생과 그 부모─희생 학생의 친구들─이웃순으로 고통을 줄 세우는 시선은 뜻밖에 자기 상처를 덧나게 하고 타인의 고통에 소금을 뿌리기도 합니다. 의도치 않게 누군가에게 상처를 주기도 하고요. 고통과 슬픔에 대한 인식이 또다른 고통을 낳는 겁니다. 모든 고통은 개별적이고 주관적입니다. 그 생각만으로도 고통을 견디고 치유하는 데 도움이 됩니다.

슬픔을 억누르면
기쁨도 밋밋해진다

가족을 잃은 고통과 슬픔을 제대로 대면하거나 치유하지 못했을 때 나타나는 문제를 온몸으로 보여준 인물이 박근혜씨입니다. 그에 대한 정치적·사회적 평가와는 별개로 그는 트라우마 피해자이기도 합니다. 부모의 비극적인 사망 후 그는 완전한 고립 상태에서 슬픔을 삼키며 세월을 보냈습니다. 정치를 시작하기 전 18년간 썼다는 일기를 보면 박근혜씨는 두문불출 집에만 있으면서 혼자 요가에 몰두하며 지낸 것 같습니다. 요가를 하도 열심히 해서 두 손가락으로 물구나무를 설 정도였다고 합니다. 세상과의 관계가 모두 끊긴 채 홀로 지냈던 18년 동안 그는 슬픔과 고통을 제대로 표현하지도 공감받고 치유받지도 못했습니다. 슬픔이나 그리움, 무력감 등을 통제하기 위해 요가에만 집중했다고 볼 수도 있지요.

하지만 그런 과정을 거치면 사람의 감정은 서서히 마비됩니다. 결국 어떤 감정도 느끼지 못하는 상태가 됩니다. 이 단계까지 가면 겉으로는 고통을 이겨낸 듯 초연하게 보입니다. 하지만 그건 극복이나 초월 같은 상태가 아니라 감정이 마비된 병적인 상태입니다. 세월호 참사 이후 박근혜씨가 보인 행동을 보면 알 수 있습니다. 가족을 잃은 상처가 어떤 것인지 누구보다 잘 알 텐데도 그는 세월호 피해자의 슬픔에 조금도 공감하지 못하는 모습을 보였습니다. 국민들이 결정적으로 분노한 것도 바로 그 지점이었습니다. 그러나 박근혜씨는 오랜 세월 감정이 마비된 상태였기 때문에 세월호 피해자들의 고통과 슬픔에 공감할 수 없었을 수 있습니다.

　슬픔이 넘쳐나는 경험에서 슬픔을 떼어내고 나면 뭐가 남나요? 감정을 배제했으니 정확한 사실관계만 남는 걸까요? 아닙니다. 피 한방울 흘리지 않고 살만 떼어가라는 주문이 불가능하듯 슬픔을 유발한 상황에서 슬픔을 소거하면 그 상황을 구성하던 사실의 절반 이상이 사라집니다. 그건 이미 사실이 아닙니다. 상황에 묻어 있는 감정에 공감하지 못한 채 그 현실을 정확하게 감각하는 것은 불가능합니다. 그러므로 감정을 느끼지 못하는 사람은 현실감각이 떨어질 수밖에 없습니다.

　사람이 살면서 접하는 모든 상황에는 사실과 정서가 함께 존재합니다. 감정 기능이 마비되어 정서를 느끼지 못하면 현실을 제대로 파악할 수 없고 그러면 소통이 제대로 될 리가 없습니다. 관계는 당연히 꼬이게 됩니다. 첫 단추를 잘못 끼우면 다음 단추들도 잘못 끼울 수밖에 없듯 감정을 느끼는 기능이 작동하지 않으면 대인관계든 현실감각이든 그 사람이 내리는 모든 판단이나 해석 들이 줄줄이 잘못될 수밖에 없습니다. 슬픔과 고통을 제대로 표출하지 못하고 통제하는 버릇이 가져오는 감정마비는 굉장히 큰 문제를 야기하고 끔찍한 일들을 연쇄적으로 불러옵니다.

슬픔이나 고통을 억누르고 외면하면 당장은 고통을 덜 느끼므로 전보다 편안해졌다고 생각할 수 있습니다. 그런데 슬픔이나 고통의 감정을 누르면 즐거움, 기쁨 같은 긍정적인 감정들도 같이 눌러집니다. 희로애락의 감정선 자체가 평평해지는 겁니다. 그렇게 살다보면 전보다 덜 힘들고 잘 견딘다 싶어 내가 더 성숙해졌나 착각할 수 있지만 그게 아닙니다.

그렇게 감정선 자체가 밋밋해지면 대인관계에서 곤란을 겪기도 합니다. 사람들과 아픈 이야기를 나누는 경우 다른 사람들은 눈물을 쏟기도 하는데 자기는 아무렇지도 않은 겁니다. 당황스럽지요. 그러면 지금 울어야 하나 하고 머리로 생각하게 됩니다. 울어야 할지 말아야 할지 계산하는 거죠. 반대로 어떤 재미난 이야기에 사람들은 다들 숨넘어갈 듯 웃는데 나는 어디서 웃어야 할지 모르는 상황이 됩니다. 눈치 보다가 0.5초 차이로 따라 웃기도 합니다. 이런 일이 반복되다보면 대인관계에서 극도의 긴장감과 피로를 느낍니다. 사람을 만나는 것이 불안하고 두려워지기도 합니다. 힘든 감정을 감당하기 어려워 피했던 일은 이렇게 감정마비로 연결되며 내 삶에 어두운 그림자를 가져옵니다. 이런 것들이 바로 슬픔을 제대로 소화하지 못하고 고통을 고통이라고 말하지 못하는 상황에서 생기는 문제입니다.

괴물이 되거나
치유자가 되거나

우리 사회에는 참사를 겪었지만 그 아픔을 말하지 못하고 혼자 참아내며 살아야 했던 사람들이 너무 많습니다. 제주4·3항쟁, 한국전쟁기의 민간인 학살, 5·18광주민주화운동 피해생존자들을 비롯해서 삼풍백화점 생존자, 대구지하철 참사 생존자, 군에서 의문사한 억울한 젊은이들, 세월호 참사 희생자, 이태원 참사까지 수많은 피해생존자들의 피울음 곁에서 우리는 살고 있습니다.

개인적 영역에서도 자살로 목숨을 끊는 이들이 많아져서 갑자기 사랑하는 사람을 잃는 극단의 트라우마를 겪는 사람들이 점점 늘어가고 있습니다. 우리 주변에 이런 아픔을 겪고 속으로 우는 사람이 많아졌다는 겁니다. 그럼에도 아직 우리는 그런 고통을 어떻게 말하고 어떻게 소화해야 하는지, 그런 고통 옆에 있을 때는 어떻게 위로해줘야 하는지 모르는 채 살아왔습니다.

군대에서 아들을 잃은 어떤 분이 '이웃'에 찾아와서 "이런 말 하면 안 되는 거 알지만 저는 세월호 엄마들이 너무 부러워요"라고 말하며 울었습니다. 몇년간 국방부를 비롯한 오만 데를 찾아다니며 아이가 왜 그렇게 됐는지 진상을 규명하고 책임자를 처벌해달라고 했지만 아무도 도와주지 않았고 그 과정이 너무 서럽고 힘들었던 겁니다. 옆에서 아픔을 알아주고 함께 울어줄 사람들이 있다는 게 너무 부러웠던 거예요. 본인의 슬픔과 고통에 대해서도 누군가 그렇게 해주길 간절히 바랐던 겁니다. 그날 이후로 그분은 서러움에 북받쳤던 자신의 이야기를 풀어놓기 시작했고, 지금은 같은 아픔을 가진, 군대에서 아들을 잃은 엄마들을 돕는 일을 하고 있습니다.

상처를 존중받고 아픔을 깊이 공감받는 과정을 통해 상처 입은 사람은 다른 상처의 치유자가 됩니다. 최고의 치유자는 바로 상처 입은 치유자입니다. 다른 사람들의 아픔에 누구보다 깊고 넓게 공감할 수 있기 때문입니다. 반대로 공감받지 못하고 덧난 상처는 반드시 칼이 됩니다. 그 칼이 다른 사람을 찌를 수도 있습니다.

끔찍한 고통을 당한 사람이 '이런 세상 망해버렸으면 좋겠다 '전쟁이나 터졌으면' 하는 마음을 품게 되는 경우가 있습니다. 고통 때문에 마음이 비뚤어지는 거지요. 세상을 바라보는 시각 자체가 뒤틀어지는 겁니다. 그때부터는 사소한 이유로도 다른 사람들과 계속 부딪치는 시한폭탄 같은 사람이 됩니다.

이런 사람들로 가득한 세상에서 살아가는 일은 생각만 해도 무섭습니다. 사회적인 비용도 엄청나게 늘어날 수밖에 없습니다. 이런 갈등 때문에 제대로 된 삶을 시작도 못해보는 사람도 많아질 겁니다. 슬픔과 고통에 압도되지 않고 그것을 직시하며 함께 이야기를 나눌 사람이 단 한명이라도 있는 것이 사회안전망이라고 한 이유가 바로 이 때문입니다.

사고로 가족을 여럿 잃은 분에게 아주 인상적인 이야기를 들었습니다. "지금도 제 슬픔은 자주 드러내고 표현하고 있지만 사고 후 줄곧 제 평생 다시는 기쁨을 느낄 수 없을 것 같다고 생각하며 살았습니다. 가족을 잃는 순간 제 삶에서 온전한 기쁨은 다 사라졌어요. 적극적으로 내 기쁨을 찾을 수는 없지만 나로 인해 누군가 기뻐하는 모습을 보는 것은 너무 기뻐요. 그래서 누군가를 위로하는 삶을 살기로 했어요." 가족을 잃은 죄책감 때문에 내 기쁨은 용납할 수 없지만 나로 인해 누군가 위로받고 행복해하는 모습을 보며 살고 싶다는 말을 들으니,

깊은 지하 동굴에 갇힌 사람이 자기 힘으로 길을 찾아 밖으로
나오는 순간을 본 것처럼 울컥했습니다.

제대로
이별하기

예전에 한 기업 임원분과 만나서 이야기를 나눈 적이 있습니다. 그분이 말씀하시길 4~5년 전부터 진달래꽃 필 무렵만 되면 몸이 가라앉고 우울하고 무기력하고 그랬대요. 그런 증상이 생긴 첫해에는 '내가 왜 이러지, 봄이라서 그런가, 운동이 부족해서 그런가?' 하면서 몇달 운동 열심히 했더니 괜찮아졌대요. 그러다가 이듬해 봄에 또 무기력해지고 우울하고 그래서 주변 사람 조언대로 보약을 먹었더니 또 괜찮아졌다는 거예요. 그래서 약이 잘 들었나보다 생각하고 넘어갔다고 합니다. 그런데 이듬해 봄에 또 같은 증상이 생기니까 친구가 혹시 스트레스 때문 아니냐고 이야기를 했대요. 그래서 저하고 이야기를 시작한 겁니다.

이야기 끝에 그분이 무력감을 느끼기 시작한 직전 해에 그분 어머님께서 돌아가셨다는 사실을 알게 됐습니다. 봄이었대요. 그때 아버지가 심각한 병을 앓고 계셔서 어머니께서 병간호를 하셨는데 갑자기 멀쩡하시던 어머니가 돌아가신 거예요. 당시 그분은 병든 아버지께서 충격 받으실까봐 노심초사하면서 제대로 한번 울어보지도 못하고 어머니의 죽음을 맞았다고 합니다. 장례도 잘 치르고 아버지도 병을 이겨내서서 다행이다 했는데 그 이듬해부터 어머니 돌아가신 봄 무렵만 되면 이유 없이 몸과 마음이 가라앉았던 겁니다. 그 패턴을 발견한 거예요.

그분은 밑으로 여동생만 여럿 있는 집안의 장남이었습니다. 어머니가 젊을 때 낳은 첫아들이고 그분도 어머니를 잘 따르고 해서 어머니 사랑을 굉장히 많이 받았다고 해요. 제가 그분께 어머니가 어떤 분이셨냐고 물어봤더니 이런 이야기를 하시더라고요. 어릴 때 집이 가난해서 형제들이 한방에서 다 같이 잤는데, 자고 있으면 엄마가 자기만 몰래 깨워서는 방 옆에 달린 조그만 부엌에 데려가 눈도 못 뜨는 자기 입에다가 삶은 닭의 살을 발라서 넣어주셨다고요. 그러고는 동생들 깨기 전에 얼른 먹고 자라고 했대요. 성평등의 관점에서 보면 옳지 못한 어머니일 수 있지만 아들과는 그만큼 각별한 관계였던 거지요.

그분께는 그렇게 끔찍한 어머니였는데 그 어머니와 제대로 이별하지 못했던 겁니다. 그분이 어머니 이야기를 하면서 옛날에 어머니 젊을 때도 떠올리고, 어머니가 얼마나 고생하면서 자기를 키웠는지, 자기를 얼마나 자랑스러워하셨는지, 그런 어머니를 갑자기 잃었는데 제대로 울지도 못하고 보냈다는 이야기를 하면서 엉엉 울었어요. 그분은 그렇게 충분히 울고 난 후로 진달래꽃이 피어도 아프지 않게 됐다고 합니다.

너무나 간단한 해법인지도 모르겠어요. 다만 그동안은 잘 몰라서 하지 못했던 것뿐이라고 생각합니다. 이와 관련해서 유명한 외국 사례가 있어요. 금슬이 아주 좋은 부부가 있었는데, 남편이 갑자기 죽은 겁니다. 그런데 부인이 아무한테도 알리지 않고 하루 동안 남편하고 같이 있다가 하루가 지난 다음 주변 사람에게 남편의 죽음을 알렸대요. 주위에서 왜 그랬냐고 물었더니 그냥 같이 있고 싶어서 그랬다는 거예요. 사랑하는 사람의 죽음과 함께 있었던 하루. 갑자기 세상을 떠난 남편을 앞에 두고 그 사람은 무엇을 했을까요? 무엇을 떠올리고, 남편과 어떤 이야기를 나눴을까요?

사랑하는 사람의 죽음과 함께하는 하루, 어쩌면 우리 삶에는 그런 시간이 꼭 필요할지도 모르겠습니다. 사랑하는 사람의 죽음을 부정하지도 외면하지도 않고, 그 사람 곁에서 그 사람과 함께했던 삶의 연장으로 보내는 하루, 그 심리적인 시간과

공간이 우리 안에 들어와야 그것이 진짜 삶이 아닐까, 사랑하는 사람의 죽음과 함께했던 그 시간까지가 진짜 내 삶이 아닐까, 그렇게 살 수 있을 때 삶에 대한 현실감각이 온전해지는 것 아닐까, 저는 그렇게 생각합니다.

제 친척 중에 시골에 사는 분이 계신데 그 집 마당이 꽤 넓습니다. 그 마당에 그분 부모님 산소가 있어요. 들어가며 나오며 늘 부모님과 마주하는 거지요. 인사를 하기도 하고요. 그 집에 갈 때마다 저는 삶과 죽음이 늘 함께하는구나 생각합니다. 그게 부모든 배우자든 다른 누구든 꼭 물리적인 공간이 아니어도 사랑하는 사람의 죽음까지도 함께할 수 있는 마음, 그런 것이 결국은 죽음을 대하는 올바른 태도, 현실감각이 있는 건강하고 온전한 삶을 사는 태도가 아닐까 싶습니다.

동료의 자살과 죄책감,
당사자도 아닌데 왜 그럴까요?

— 저는 대기업 건설직 직원인데 해외파견 가 있는 동안 자살하는 동료들을 많이 봤습니다. 가까이에서 일하던 동료가 개인사 때문에 자살하거나 업무 때문에 현장에서 자살 시도를 하는 경우도 있었습니다. 제가 직접적인 피해자는 아니지만 제게는 그 여파가 꽤 오래가더라고요. 그러다보니 다른 사람들에게 '네가 뭔데' 하는 말도 듣고 너무 감정적으로 받아들이면 저만 힘들다는 이야기도 많이 들었습니다. 하지만 너무도 무감각하게 마치 아무 일도 없었던 것처럼 행동하거나 너무 빨리 잊어버리는 직장 상사나 동료 들을 보면 인간적으로 굉장히 실망스러웠습니다. 정말로 우리는 죽음에 무감각한 시대를 살고 있는지도 모르겠습니다. 주변 사람의 자살로 우울하고 힘든 감정에 빠져들 때 어떻게 대처해야 하는지 궁금합니다.

그 일을 겪었을 때 가장 먼저 어떤 마음이 들었나요? 어떤

게 가장 힘드셨어요?

　—우선 충격이 정말 컸습니다. 그런 극단적인 선택을 할 만큼 힘들었는데 주변에는 아무것도 알리지 않았다는 게 너무 충격적이고 미안하고, 또 내가 왜 미리 알아차리지 못했을까 죄책감도 들고요. 그 세가지 마음이 가장 컸던 것 같아요. 나중에 동료들하고 진지하게 이야기해봤더니 강도의 차이는 있지만 다들 그런 죄책감을 오래 가지고 있었더라고요.

　힘든 일이 있어서 상담을 받을 때 대개는 습관적으로 대처법부터 묻습니다. 내가 지금 이런 상태인데 어떻게 하면 될까요? 어떻게 하면 이겨낼 수 있을까요? 어떻게 하면 이 문제로부터 자유로울 수 있을까요? 이렇게 말입니다.

　하지만 문제의 해결을 위해서라도 대처법보다 지금 내 마음이 어떤 상태인지를 정확히 아는 게 중요합니다. 그게 문제 해결에 더 중요한 실마리를 제공하기 때문입니다. 제가 질문자분께 그 일이 있었을 때 가장 먼저 어떤 마음이 들었는지, 무엇이 가장 힘들었는지를 물은 것도 그 때문입니다.

　우선 답변해주신 마음을 바탕으로 이야기해보겠습니다. 동료분이 극단적인 선택을 할 만큼 힘들었음에도 주변에 전혀 알리지 않았다는 데에서 충격을 받았다고 하셨는데, 정말로 아무 내색도 하지 않았을까요? 그렇지 않았을 겁니다. 죽고 싶다라고 직접적으로 표현하지 않았더라도 기대고 싶은 사람에게 자기만의 방식으로 자기가 할 수 있는 범위 내에서 말을 건넸을 겁니다. 사람이 가지고 있는 생에 대한 본능 때문에요. 그럼에도 주위 사람들이 그 사람의 말을 정확하게 알아듣기 힘들었던 것은 목숨을 끊을 만큼 힘든 순간에도 그가 무언가를 지키고자 했을 수도 있어섭니다. 그래서 절박한 자기 마음을 분명하게 말하지 못하는 경우가 많습니다.

오랫동안 학교폭력에 시달리다 자살을 시도했던 한 중학생 아이는 끔찍한 폭력에 시달리는 동안 부모에게 아무 말도 하지 못했습니다. 부모님이 사실을 알면 가슴 아파할까봐 걱정한 겁니다. 어린 마음에도 아이는 부모를 보호하다 자기를 벼랑 끝으로 내몬 겁니다. 부모와 자신 사이에 심리적 분리가 명확하게 이뤄지지 않은 그런 시기에 일어날 수 있는 일입니다.

목숨을 버리는 이유는 각자가 처한 환경과 기질, 심리적 상황에 따라 다 다르지만 대개의 자살자들이 목숨을 끊을 때까지 반복적으로 직면하는 감정은 자기모멸감과 무력감입니다. 죽을 만큼 외롭거나 자기혐오가 심할 때, 절박하게 돈이 필요하거나 통제되지 않는 통증으로 힘들 때 자기모멸감과 무력감은 극대화됩니다. 그럴 때 타인에게 손을 내밀기란 쉽지 않습니다. 한껏 움츠러들고 쭈그러진 상태에서 누군가에게 도움을 청하는 일은 모멸감과 무력감을 더 증폭시키기 때문입니다. 통장 잔고가 충분한 사람은 누구에게든 당당하게 돈을 빌릴 수 있지만 잔고가 바닥인 사람은 그러지 못하고 망설입니다. 누가 잔고를 확인하자고 하지 않아도 그렇습니다.

자기모멸감과 무력감으로 바닥까지 떨어진 사람이 모멸감과 무력감을 느낄 만한 일을 하기란 어렵습니다. 당당하게 도움을 청할 수 없다는 말입니다. 힘들게 말을 꺼내도 무슨 말인지 알아들을 수 없게 합니다. 그래서 마지막까지 누구에게도 도움받지 못하고, 세상 누구도 나를 도울 수 없다는 판단을 내린 채 끝을 맞게 됩니다. 스스로 목숨을 끊는 사람은 생을 유지하는 것보다 버리는 쪽이 자기가 지키려 하는 것을 더 잘 지킬 수 있다고 믿는 게 아닌가 싶습니다.

왜 진작 알아차리지 못했을까 죄책감이 든다고 하셨지요. 누군가 갑자기 세상에서 사라지면 그 사람과 심리적·물리적으로 가까운 순서대로 죄의식을 갖습니다. 가장 많이 사랑했던 사람이, 죽는 순간 가장 가까운 거리에 있었던 사람이 가장 큰 죄책감을 갖는 것입니다. 그것이 죽음을 접했을 때 사람이 갖는 보편적인 반응이지요.

만약 이역만리 먼 곳에서 사랑하는 사람이 사고로 목숨을 잃었다면 어떨까요? 물리적으로 멀리 떨어져 있었더라도 당연히 그 죽음에 큰 죄책감을 갖습니다. '거기 가는 걸 내가 말렸어야 했다'는 식의 생각이 꼬리를 물고 일어납니다. 가까운 관계였기 때문에 내가 그의 삶에 어떤 영향이라도 미칠 수 있었을 거라고 생각하기 때문입니다.

반대로 아무 인연도 없는 사람과 함께 엘리베이터를 탔다가 사고를 당해서 나는 살고 그 사람은 죽었다면 어떨까요? 이경우에도 당연히 죄의식이 생깁니다. 그 순간 내가 무언가 했더라면 그 사람의 죽음을 막을 수 있었을 텐데 하는 생각이 머릿속을 떠나지 않습니다. 죽음의 순간 가까운 거리에 있었다는 이유만으로 그 죽음에 영향을 미칠 수 있었을 거라는 생각이 들어서 그렇습니다.

그러므로 함께 일하던 동료가 목숨을 끊었을 때 죄책감을 느끼는 것은 당연한 반응입니다. 물리적으로 가깝기 때문입니다. 친한 사이였다면 심리적인 죄책감도 더해지겠지요. 아무렇지 않다면 오히려 걱정스러운 일입니다. 왜 아무런 느낌도 들지 않는지, 곁에서 그런 일이 벌어졌는데 어떻게 영향을 받지 않을 수 있는지 살펴봐야 합니다.

뚝뚝 끊어지는 국수 가락 같은 허약한 찰기의 감정으로는 사람 사이의 유대감을 유지할 수 없습니다. 동료에게서 너무 감정적으로 받아들이면 너만 힘들다는 이야기를 들었다고 했는데 그 말은 잘못되었습니다. 힘들 수밖에 없는 상황을 만났을 때 힘들어하는 것은 정상입니다. 힘든 상황에서 힘들어하지 않고 지나가는 것이 더 걱정스러운 일입니다. 그러면 나중에 반드시 심리적인 댓가를 치르게 됩니다. 힘든 일을 만났을 때 충분히, 마음껏 힘들어할 수 있어야만 그다음 삶으로 나아갈 수 있습니다.

고름은 시간이 지난다고 살이 되지 않습니다. 고름을 빼내야만 그 위에서 새살이 꾸둑꾸둑 올라오기 시작합니다. 마음껏 울고, 마음껏 미안해하고, 마음껏 그리워하고 마음껏 연민할 수 있어야 합니다. 그 과정을 충분히 공감 받고 격려받을 수 있어야 합니다. 그것이 슬픔을 겪은 이에 대한 예의이고 그에게 전하는 마지막 존중이며, 동시에 슬퍼하는 자신에 대한 예의이자 존중입니다.

너나없이 사람은 그렇게 뒤늦게 알아차리고, 자책하며 살아가는 어리석은 존재입니다. 자살자가 보내는 마지막 신호라는 것이 있기 때문에 저는 그것을 민감하게 알아차리기 위해 더 긴장하고 더 애를 씁니다. 그런 것들이 불행한 일을 예방하는 데 도움이 되기도 하지만 그런 전문적인 태도만으로 모든 죽음을 막을 수 있는 것은 아닙니다. 불가항력인 경우도 있습니다.

그럼에도 남겨진 사람들이 떠안는 죄의식은 합리적 사고의 범위를 훌쩍 넘어섭니다. 예전에 해고노동자 한분이 노조 사무실에서 목을 매 목숨을 끊은 일이 있습니다. 당연히 그 건물에서 같이 일하던 동료들이 죄책감에 시달렸습니다. 많은 사람들이 '내가 사무실 문을 30분만 일찍 열어봤어도' '1층에서 쓸데없는 일 하는 대신 3층에 한번만 올라가봤더라면' 같은 생각을 하며 괴로워했습니다. 동료 한 사람은 그 일이 있기 전날 밤 안 좋은 꿈을 꿨는데 그게 그 일의 징조였다면서 꿈을 꾸고도 죽음을 막지 못한 자신을 자책했습니다. 이성적으로 말이 안 되는 생각인 걸 알면서도 다들 그런 식으로 죄의식을 갖습니다.

죄의식이라는 건 합리적인 사고에 의해 작동하는 것이 아닙니다. 가까운 사람이 갑자기 목숨을 잃었을 때는 어떻게든 그 죽음을 막아야 했다는 무의식적인 결론을 내려놓고 자기에게 책임을 추궁합니다. 세월호 참사와 관련해서 박근혜씨나 당시의 해수부 장관이 죄의식을 느끼던가요? 그 죽음에 책임이 있는 사람들이 죄의식을 갖는 게 아니라 희생자들을 사랑하는 사람들이 죄의식을 나눠가집니다. 죽음에 책임이 있어서가 아니라 사랑하기 때문에 죄책감을 느끼는 겁니다.

물론 죽음과 특별한 관계에 있지 않은데도 죄의식을 느끼는 경우도 있습니다. 그 예로 아동학대나 유괴 등으로 아이가 죽은 사건이 보도되면 아이 키우는 엄마들이 며칠간 눈물 흘리고 괴로워합니다. 세월호 참사 때는 희생자와 아무 상관도 없는 시민들이 죄의식을 느꼈습니다. 시민들이 유가족들 손잡고 가장 많이 했던 말이 "죄송합니다. 잊지 않겠습니다"였어요. 타인의 고통과 심리적으로 연결된 존재, 감정이입을 잘하는 탁월한 공감력의 소유자들이 갖는 감정이 죄의식입니다. 그러므로 질문자께서 큰 죄책감을 느꼈다는 건 그만큼 동료의 고통에 심리적 유대감을 갖고 사는 분이라는 뜻입니다.

해일 같은 슬픔 앞에서 아무것도 느끼지 못하는 것을 감정마비 상태라고 합니다. 엄청난 슬픔과 고통에 압도당해 그것을 도저히 감당할 수 없는 상태에서 최소한의 자기보호를 위해 감정을 닫아버리는 겁니다. 고통을 이겨낼 힘이 없는, 심리적으로 약한 사람들이 무의식적으로 택하는 자기보호 방식이기도 합니다.

개인차가 있지만 대개 여성보다 남성들 가운데 그런 경우가 더 많습니다. 특히 자식을 잃는 재앙적 트라우마를 겪은 부모 가운데 주로 아빠들이 그 아픔을 감당하지 못하고 마음의 셔터를 내립니다. 야근을 자청하거나 몸을 혹사시키는 등 다른 무언가에 극단적으로 몰입하면서 감당하지 못할 정서적 통증을 피하려 하지요.

하지만 어떤 방법을 쓰든 일순간 감정이 통제할 수 없이 복받쳐오를 때가 있습니다. 아이를 떠나보낸 부모가 어떻게 그 순간들을 다 피할 수 있겠어요. 막고 막아도 어느 순간 둑이 무너지듯 감정이 물밀 듯 몰려올 때가 있습니다. 감정을 닫으면 바로 그때 휙 쓸려가게 됩니다. 고통을 피하려다 그 고통에 온전하게 수몰되는 겁니다. 큰 슬픔을 당했을 때 눈물 흘리며 슬퍼하고 죄의식을 느끼는 것은 참담한 재앙의 현장 속에서 널빤지 조각을 잡는 것과 같습니다. 살아 있다는, 살아갈 수 있다는 증거입니다. 다른 사람의 감정에 공감하며 한 인간으로 생생하게 살아가고 있다는 신호이기도 합니다.

슬픔을 못 느끼고 덤덤하게 있거나 다른 일로 회피한다고 해서 그 사람을 비난하거나 슬픔과 맞서야 한다고 다그칠 것도 없습니다. 슬픔을 못 느끼는 그 마음, 그 사람의 그 아득함을 알아줘야 합니다. 슬퍼하기도 힘든가보다, 어찌해야 할지 정말 모르겠나보다, 그럴 수도 있다 하고 알아줘야 합니다. 감정을 재촉하고 강요하지 않아야 합니다. 슬퍼하지도 못하는 그 마음을 알아주는 사람을 만나면, 슬픔을 재촉하지 않고 묵묵하게 기다려주는 사람을 만나면, 감정이 마비됐던 사람도 그로부터 슬픔과 대면할 수 있게 하는 심리적 힘을 얻습니다. 세상에 똑같은 사람은 한 사람도 없듯이 슬픔을 감당하는 속도나 태도도 사람마다 다릅니다. 그것을 알아주는 사람 앞에서 사람은 자기 슬픔과 더 빨리 더 정확하게 대면하게 됩니다.

차별받은 아픔 때문에

부모님의 죽음에도 무감할 것 같아요.

──첫아들에게만 몰래 닭을 삶아 먹인 어머니 같은 분이 바로 제 어머니이십니다. 그렇게 차별받은 기억 때문에 저는 때때로 제 부모님이 너무 밉습니다. 몇번이나 갈등을 해소하려고 노력해봤는데 결국 받아들여지지 않았어요.

부모님에 대한 미움이 극에 달할 때는 이분들이 돌아가셔도 슬프지 않을 것 같다는 생각이 듭니다. 부모님 돌아가실 때 제 감정이 어떨지 가늠이 안 돼요. 자식으로서 부모님께 닭고기 한번 얻어먹지 못했는데 이별하면 과연 슬플까? 저는 원래 눈물이 많은 편이라 슬플 것 같긴 한데 한편으로는 용서하지 못하는 마음도 있겠지요. 응어리가 풀리지 않았을 테니까.

자식의 마음을 끝까지 외면하고 돌아가시는 경우에 대해 많이 들었습니다. 그런 이야기를 듣고 나면 분노의 감정도 들고 한편으로는 두렵기도 합니다. 그때가 왔을 때 나는 나를 어떻게 할까? 차라리 마음 놓고 슬퍼할 수 있으면 좋겠는데, 평생 대우받고 살았던 아들은 맘껏 슬퍼할 수나 있지 저는 어떨지 모르겠어요. 닥치지 않은 미래라 상상이 잘 안 되지만 비슷한 경험을 가진 분들은 그 감정에 어떻게 대처하셨는지 여쭤보고 싶습니다.

어머님이 한번도 미안하다고 말씀하시지 않고 돌아가시면 마음이 어떨 것 같으세요?

── 전혀 예상이 안 돼요. 그 순간 제 마음이 어떨지, 또 엄마의 마음은 어떨지. 엄마 마음에 고통의 등급표가 있다면 늘 제 고통은 굉장히 아래에 있고 아들의 고통은 제일 위에 있었던 것 같아요. 어머니 돌아가시면 제 마음속에서 굉장히 복합적인 감정이 일어나겠지요. 이제부터라도 그 마음을 감당할 준비를 해야 할 것 같아서 이 자리에 왔습니다.

네, 그 순간의 마음을 상상으로 가늠하기는 어렵습니다. 슬프기도 하겠고 암흑처럼 막막하기도 하겠지요. 어려운 문제입니다. 그런데 엄마가 심각한 치매 상태이거나 전혀 이야기를 나눌 수 없는 상황이 아니라면 지금도 기회는 있다고 생각합니다. 기회라는 건 엄마와 화해를 하거나 엄마를 설득해서 사과를 받아내기 위한 시간을 말하는 것이 아닙니다. 엄마에게 내 마음을 온전히 이야기할 시간을 말하는 겁니다. 내 마음에 대해 들은 후에 엄마가 보일 반응과 상관없이, 내 마음을 드러내는 행동 그 자체만으로도 이 문제는 해결의 8부 능선까지 온 겁니다.

엄마에 대한 이야기가 아니라 엄마로 인해 생긴 내 삶의 여러 굴곡들에 대한 내 이야기가 핵심입니다. 딸로서 엄마에게 가졌던 마음을 담담하고 구체적으로 표현하는 겁니다. 엄마의 잘못을 지적하고 비난할 필요는 없습니다. 그동안 내가 받은 상처와 그 때문에 내가 감당해야 했던 불필요한 감정 소모, 그로 인한 내 삶의 굴곡에 대해 말하면 됩니다. 충분히 구체적으로 말하는 것만으로도 내 마음, 내 상처, 내 삶에 대해 정리할수 있게 되고 복잡하게 엉킨 감정들이 풀리는 경험을 하게 됩니다.

동시에 딸의 이야기를 통해 어머니께서 자신의 엉킨 삶을 또렷이 볼 수 있는 시간을 가질 수도 있습니다. 같이 울어줄 수도 있고, 그렇게 행동할 수밖에 없었던 한 인간으로서의 자신에 대해 이야기할 수도 있습니다. 속마음을 있는 그대로 담담하게 드러내는 모습은 강한 전염성을 가집니다. 따님이 먼저하시면 어머님도 속마음을 털어놓고 싶은 충동을 느낄 수 있습니다. 속마음을 털어놓은 엄마는 딸에게 미안하다는 말을 할 가능성이 높겠지요. 딸도 후련한 치유를 경험하겠지만 엄마도 앞으로 남은 시간 동안 딸에게 마음을 쓰며 자신의 삶을 치유할 기회를 얻게 될지도 모릅니다.

물론 일이 전혀 다르게 흘러갈 가능성도 배제할 수 없습니다. 만약 엄마가 내 마음, 내 상처에 대해 듣고도 잘 이해하지 못하거나 인정하지 않는다면 공연히 긁어 부스럼을 만든 것 아닌가, 차라리 시작을 하지 않는 편이 더 낫지 않았을까 그런 생각이 들 수 있습니다. 그런 걱정 때문에 말을 못 꺼낼 수도 있어요.

결론부터 말하면 전혀 그렇지 않습니다. 엄마가 인정하지 않아도 괜찮습니다. 아쉬울 따름이지요. 내 마음을 담담하고 또렷하게 말했는데도 엄마가 받아들이지 않는다면 엄마에 대한 마음이 오히려 쉽게 정리될 겁니다. 혼란에서 벗어나는 거지요. 전에는 엄마를 생각할 때마다 서럽기도 하고 화도 났다가 다시 죄책감이 들고 연민이 생기는 등 극단의 감정을 오가면서 불필요한 에너지 소모가 많았다면, 엄마가 내 고통을 인정하지 않는 모습을 본 후에는 엄마에 대한 감정이 비교적 단순하게 정리될 겁니다. 우선 엄마에 대한 자책, 죄책감에서 벗어날 수 있습니다. 더이상 그런 감정이 나 자신을 갉아먹지 않게 됩니다. 훨씬 편안해질 거예요.

　결국 남는 건 그런 엄마로부터 상처받은 내 삶, 나 자신에 대한 감정들입니다. 이런 나를 앞으로 잘 보듬어가는 것이 숙제입니다. 여기에 오롯이 내 마음과 에너지를 써야 합니다. 엄마가 내게 준 상처를 인정하든 인정하지 못하든 내 마음과 엄마의 마음은 동시에 가닥을 잡고 치유의 길을 걷게 됩니다. 비로소 안개가 걷히고 사방이 또렷하게 보이기 때문입니다. 그다음부터는 전보다 더 홀가분하게 내 삶을 살 수 있습니다. 엄마가 인정하지 못하면 엄마에 대한 실망이나 연민이 남지만 그때의 감정은 전과 달리 활화산 같은 감정이 아니라 휴화산 같은 감정입니다. 나를 끝없이 소모시키지는 않는다는 점에서 전과는 다른 감정인 거지요.

　내가 지난 세월 가졌던 마음에 대해 적나라하게 말하면 엄마가 괴롭지 않을까? 지금껏 참고 살아왔는데 다 지난 일을 새삼 노인이 된 엄마에게 말하는 게 무슨 의미가 있을까, 부질없다, 이런 생각을 하실 수도 있습니다. 하지만 그렇지 않습니다.

　이건 나를 위한 일이기도 하지만 엄마에게 주는 마지막 기회이기도 합니다. 평생 그렇게 살아온 엄마이지만 딸에 대한 미안한 마음을 표현하지 못하고 있었을 수도 있습니다. 딸이

기회를 주는 겁니다. 이런 시간을 가지면 어떤 경우라도 두 사람 모두에게 득만 있지 실은 없습니다. 그 모든 득의 시작과 끝은 내 마음을 온전히 이야기하는 것입니다.

10대, 20대와 깊은 이야기를 하다보면 엄마나 아빠를 죽여버리고 싶다는 이야기를 드물지 않게 듣습니다. 놀라운 말이지만 제게는 더이상 낯선 이야기가 아닙니다. 부모와의 갈등, 본인이 받아온 상처 등에 대해 이야기하다가 마음속 깊은 곳이 건드려지면 더러 그런 말이 나옵니다. 저는 이 말이 사람 간의 관계에 대한 우리 내면의 적나라한 진실이라고 생각합니다. 가족이나 연인, 배우자처럼 더없이 가깝고 사랑하는 관계에서 흔하게 보이는 한 풍경입니다. 사실 이런 이야기는 정신과 진료실에 있을 때보다 평소에 사람들을 만나 이야기 나누면서 더 많이 듣습니다. 이런 마음은 특정한 질환이 있는 사람들이 가진 병적인 증상이 아니라 오히려 우리의 일상적 마음과 감정에 속하는 문제라는 말입니다.

사랑하는 사람이란 내 사랑을 주고 싶은 사람이기도 하지만 나의 내밀한 욕구를 알아서 채워주길 기대하는 사람이기도 합니다. 내 내밀한 욕구가 클수록 좌절과 상처도 그에 비례해서 커질 수밖에 없습니다. 그래서 사랑하는 사람은 충족감과 안정감의 동지이기도 하지만 동시에 서로 가장 큰 상처를 주고받는 증오의 관계가 되기 쉬운 사람이기도 합니다. 이 둘은 동전의 양면처럼 한 몸으로 존재합니다.

부모를 죽이고 싶다는 마음은 옳습니다. 물론 부모님을 죽여도 된다는 말이 아니라 그런 마음에는 반드시 이유가 있을 것이라는 말입니다. 나를 괴롭히는 상사처럼 나와 크게 상관없는 사람을 죽이고 싶을 만큼 미워하기는 쉽습니다. 하지만 사랑하는 내 부모에게 느끼는 살의는 남이 준 상처보다 백배, 천배쯤 더 심한 상처들이 쌓여야 떠오를 수 있습니다. 그러므로 사랑하는 부모를 죽이고 싶을 만큼 미워하게 됐다면 거기에는 반드시 이유가 있을 겁니다. 그래서 저는 부모님을 죽이고 싶다는 말을 들으면 항상 온 체중을 다 실어서 당신이 그렇게 말했을 때는 분명 이유가 있을 것이라고 이야기해줍니다.

질문하신 분께서는 부모님이 돌아가시면 당연히 슬프겠지만 다른 감정들은 상상이 안 된다, 두렵다라고 하셨습니다. 그런데 걱정하시는 다른 감정이 어떤 것이어도 다 괜찮습니다. 나쁜 상상, 옳지 못한 상상이어도 괜찮습니다. 그런 마음이 드는 데에는 차고 넘치는 이유가 있을 것입니다.

그리고 부모님이 돌아가신 후를 상상하면서 그때를 미리

대비할 필요는 없습니다. 우선 지금 내가 부모님께 가지는 여러 감정들은 모두 이유가 있는 것임을 기억하고 그 감정들에 대해 살아 있는 부모님과 이야기를 나누셔야 합니다. '엄마가 죽도록 미웠어' '엄마한테 사무치게 서운했어'라고 말할 수 있어야 합니다. 그래야 제대로 살 기회를 만들 수 있습니다. 엄마도 자신에 대한 딸의 솔직한 마음을 접할 수 있어야 생의 마지막에 비로소 딸과 온전한 관계를 회복할 수 있는 기회를 얻을 수 있습니다.

그 모든 부정적인 감정을 혼자 견디며 엄마가 죽은 후에 내 감정은 어떻게 될까 미리 고민하지 마시고 본인뿐 아니라 어머니께도 기회를 드리면 좋겠습니다. 물론 모든 게 다 내 뜻대로 되지 않을 수도 있지만 거기까지가 엄마가 본인 삶에서 닿을 수 있는 지점이라 여기면 그만입니다. 딸로서 엄마의 한계도 인정할 수 있어야 한다고 생각합니다.

그러나 딸이 먼저 시작하지 않으면 엄마가 먼저 이야기를 꺼내긴 어려울 겁니다. 엄마는 의외로 잘 모르고 있는 경우도 있고요. 그러니 먼저 시작하세요. 마음을 털어놓고 나면 내가 왜 진작 안 했을까 생각할 수도 있을 거예요. 뜻밖에 어머님께 사과를 받을 수도 있습니다. 엄마도 지금까지 딸에게 그렇게 했던 것이 내심 마음에 걸렸을 수 있으니까요.

그런 이야기를 꺼내지도 못하고 부모와의 관계가 끝나면 당연히 지금보다 더 힘들어집니다. 시계추처럼 감정이 극과 극을 오가게 돼요. 사는 내내 에너지 소모가 극심할 겁니다. 그러므로 어머님이 지금 치매가 아니시라면 이야기를 꺼내야 합니다. 사람의 마음은 항상 옳습니다. 어떤 감정이 떠오르든 옳습니다. 그걸 알면 이야기를 꺼낼 용기를 낼 수 있을 겁니다.

억지로 괜찮은 척하는 친구를

어떻게 위로할 수 있을까요?

　　—두달 정도 전에 제 친구가 사고로 동생을 잃었습니다. 친구가 처음에는 굉장히 많이 슬퍼하고 모임에도 잘 안 나오고 그러다가 지금은 조금씩 회복하고 있는 것 같습니다. 그런데 제 눈엔 친구가 밝은 모습을 보이려고 무리하는 것 같아요. 동생이 하늘에서 자기를 지켜보고 있으니까 더 잘 살아야 한다는 중압감 때문에 억지로 웃으려는 게 보입니다. 굉장히 힘들 것 같은데 그러다가 무너져버릴 것 같아서 걱정스럽습니다. 이럴 때 어떻게 위로를 해주면 좋을지 모르겠습니다.

　　큰일을 겪으면 세상이 무너진 듯 힘들어하는 경우도 있지만 전보다 더 괜찮아 보이거나 더 잘 지내는 경우도 있습니다. 괜찮은 듯하다가 다시 힘들어지기도 하고 처음에 많이 힘들어하다가 점점 괜찮아지는 듯한 모습을 보이기도 합니다. 바닥까지 내려가서 더이상 살아갈 수 없을 것처럼 보이다가도 서서히 몸과 마음을 수습하고 나아지기도 합니다.

회복하는 과정이나 순서와 모습은 사람마다 다를 수 있습니다. 하나의 방법만이 정답이라고 생각할 필요는 없습니다. 제가 이 말을 하는 이유는 친구가 억지로 웃으려 애쓰고 있지만 속은 그렇지 않을 거라고 규정해버리면 친구가 웃는 모습, 애쓰는 모습을 전부 위선이고 가짜라고 부정하게 될까 염려되기 때문입니다. 그렇게까지 볼 필요는 없습니다. 너무 애쓰지 마, 힘들어해도 괜찮아, 그렇게 너무 참으면 나중에 무너질 수도 있어, 울어도 돼 하고 친구의 속마음을 짚어줄 때 비로소 친구가 긴장을 허물고 오열할 수도 있고 자기 슬픔을 마음껏 토해낼 수 있을지도 모릅니다.

다른 방법도 있습니다. 저는 이 방법이 더 자연스럽다고 느끼는데요. 친구의 지금 모습을 인정하는 데에서 출발하는 것입니다. 사람은 그럴 때 깊이 숨겨둔 자신의 상처와 슬픔을 더 편안하게 내보일 수 있습니다. '굉장히 힘들 텐데 너는 잘 견뎌보려고 애쓰고 있구나. 참 대단하다는 생각이 든다. 그렇지만 나는 네가 또 얼마든지 힘들어질 수 있을 거라고 생각해. 슬퍼해도 괜찮아. 아무리 슬퍼해도 너는 무너지지 않을 거야.' 이렇게 이야기해주는 것. 친구에게 부정당하거나 질책받지 않고 충분히 인정받았다는 느낌을 줄 수 있으면 좋겠습니다.

'할 수 있는 만큼 노력하고 있지만 다시 힘들어질 수도 있다' '힘들어져도 괜찮은 거구나' 하는 생각을 할 수 있으면 더 편안하게 슬플 수 있습니다. 그런 생각만으로도 긴장 상태에서 조금씩 벗어나게 됩니다. 사랑하는 사람을 잃고 힘들어하는 모습도 그의 전부가 아니고 씩씩하게 잘 견디며 웃는 모습도 전부는 아닙니다. 지금 보이는 모습이 언제나 전부가 아니라는 사실을 받아들이기만 해도 숨통이 트입니다.

사랑하는 사람을 잃은 사람의 감정은 당연히 고정된 상태로 있을 수 없습니다. 계속 변합니다. 상실의 고통을 가진 사람은 이럴 것이라는 규정은 상처 입은 사람에게 일상적 폭력이 되곤 합니다. '이웃'에 온 시민들이 세월호 유가족들 보고 가장 놀라는 부분이 생각보다 표정이 밝다는 것입니다. 그 모습을 보고 너무 다행이라고 안도합니다. 물론 그 모습도 사실입니다. 유가족이라고 24시간 내내 울고만 있을 수는 없으니까요.

하지만 그렇게 밝게 지내는 것 같다가도 아이들 이야기가 나오고 마지막 순간에 대한 기억이 떠오르면 순식간에 내장이 쏟아지듯 웁니다. 그렇게 오열하는 모습도 유가족들의 내면에 있는 진실이지요. 그러다가 또다시 웃을 수도 있습니다. 유가족 엄마들은 반드시 이러이러할 것이라는 생각 때문에 조금 밝은 모습을 보면, 너무 다행이에요, 이제 괜찮아지셨나봐요 하는데 그게 다가 아닙니다. 마음은 계속 움직입니다.

동생을 잃고 넋 놓고 울다보면 그런 자기 때문에 부모님이 더 힘들어한다고 느낄 수도 있고 지인들에게도 자기의 무거움이 부담으로 다가갈지 모른다고 생각할 수도 있습니다. 울고만 있는 자기 모습을 스스로 안 좋게 생각할 수도 있고요. 그런 이유로 힘들어도 마음껏 힘들어하기가 어렵습니다. 그래서 애를 씁니다. 그렇다면 우선 그 노력부터 칭찬하고 인정해주세요. 동생을 잃었는데 그렇게 애쓰는 것은 칭찬해줘야지요. 너 진짜 대단하다. 한순간이라도 10분이라도 그런 상태를 유지할 수 있는 것이 너무 대단하다. 이렇게 알아줘야지요. 그렇지만 그게 그의 전부는 아니라는 것 또한 알아주면 됩니다.

저는 '저 사람이 웃고 있지만 사실은 속으로 울고 있을 거야'라는 식의 넘겨짚기나 과도한 심리학적 해석을 싫어합니다. 더 정확하게 표현하면 그건 옳지 않다고 생각합니다. 겉으로 보이는 건 아무것도 아니야 하면서 멋대로 해석하는 건 심리적 폭력일 수 있습니다. 보이는 것을 충분히 인정하고 동시에 그게 전부가 아니라는 사실을 공유하면 됩니다. 그것이 한 사람에 대한 온전하고 입체적인 진실입니다. 속마음만 진실이고 겉으로 보이는 건 가짜라고 보는 이분법은 그다지 건강하지 않은 폭력적 태도입니다.

삶에서 도망치고 싶을 때

어떤 마음을 가져야 할까요?

──살면서 누구나 다 그렇겠지만 힘든 상황이 닥쳤을 때나 스트레스가 극에 달했을 때 리모컨의 멈춤 버튼을 누르듯이 여기서 삶이 멈췄으면 하는 생각이 들 때가 있잖아요. 하지만 인간의 삶은 죽음을 맞이하지 않는 이상 일시정지는 되지 않는데, 그렇듯 힘든 상황에 닥쳤을 때 어떤 긍정적인 마음을 가져야 극복할 수 있는지 궁금합니다.

나 하나만 사라지면 다 편할 텐데, 살면서 이런 생각 해본 적 없나요? 잠깐의 고통만 참으면 삶의 고통에서 벗어날 수 있을 텐데, 이런 생각은요? 아마도 많은 분들이 한번쯤 이런 생각을 해보셨을 겁니다. 그러니 괜찮습니다. 다만 질문자께서 구체적으로 어떤 고통에 시달리고 있는지 말씀해주실 수 있을까요?

──업무가 감당할 수 없을 만큼 많이 주어졌을 때 지칩니

다. 야근을 계속해도 일이 끝나지 않고 그러면 스트레스로 잠도 잘 못 잡니다. 그럴 때면 가끔 여기서 멈췄으면 좋겠다 싶어요. 2~3년 전에 심하게 번아웃되어서 일을 그만두고 반년 정도 해외에 나가서 휴식하는 시간을 가졌어요. 그런데 놀아도 놀아도 다시 일하고 싶은 마음이 안 들더라고요. 돈은 벌어야 하는데 일하고 싶은 마음이 안 드는 거예요. 그러면 일을 좀 줄여야 하나 싶은데 파트타임으로 일하면 벌이도 적고 현실과의 괴리감도 생길 수 있어서 꺼려집니다.

그런 업무 스트레스가 굉장히 컸던 것 같아요. 일을 완벽하게 해야 한다는 강박도 있는 것 같고요. 유치원에서 일하다 보니 스트레스받을 일이 많습니다. 아이들도 내 맘대로 안 따라주고 행사도 숨이 가쁠 만큼 많고요. 그런 스트레스가 극치에 다다르면 갑자기 죽음이 떠오릅니다. 어차피 우리는 다 죽을 건데 왜 이렇게 고민하고 있나 하는 생각이 들면서 지금 이 순간이 굉장히 사소하고 부질없게 느껴지고 우울해져요.

그런 극단적인 생각을 하지 않고 부드럽게 긍정적으로 생각할 순 없을까요? 죽으면 끝인데 내가 왜 이렇게 스트레스받고 있지 하는 생각 말고 긍정적인 생각을 갖고 싶습니다. 주변에 보면 똑같은 일을 하는데 이런 생각 안 하고 편하게 사는 사람들도 많더라고요. 그런 분들 볼 때마다 나는 왜 더 많이 고민하고 더 우울하고 그러면서 잠도 이루지 못할까 싶고, 제가 너무 예민한 게 아닌가 걱정도 됩니다.

질문 속에 여러가지 심리적 화두가 들어 있는 것 같습니다. 하나씩 말씀드려볼게요. 먼저 "인간의 삶은 죽음을 맞지 않는 이상 일시정지되지 않는다"라고 하셨는데 저는 이 전제에 동의하지 않습니다. 인간의 삶이 본래 그래서가 아니라 질문하신 분의 삶이 그랬던 것이지요. 질문자분께서는 같은 일을 하는 다른 사람보다 더 완벽하게 더 강박적으로 탈진할 때까지 일을 하신 것 같습니다.

하지만 우리가 일하기 위해 태어난 기계가 아닌 이상 '나'는 언제나 내 직업보다 우선합니다. 탈진할 정도로 극단적인 상황까지 갔다면 더더욱 일자리보다 나를 먼저 보호해야 합니다. 죽음을 맞이하지 않아도 내 삶은 언제나 내 손으로 정지시킬 수 있고 그렇게 하는 것이 나 자신에 대한 의무입니다. 삶은 완벽한 일꾼이냐 죽음이냐 가운데 하나를 택해야 하는 모 아니면 도 게임이 아닙니다. 그런 삶은 비장해 보이지만 실상은 단순하고 기계적인 삶입니다. 그런 마음으로 잘살 수 있는 인간은 없습니다.

회사를 그만두고 반년 정도 해외에 나가 여행을 다녀오셨다고 하셨는데 그런 것이 일시정지일 수도 있습니다. 다만 반년이면 충분한지, 일년은 넘어야 하는지, 한달이라도 충분한지는 탈진의 정도나 정지했던 시간의 질 등과 관계가 있을 겁니다. 질문하신 분의 경우는 그 정지가 충분하지 않았나봅니다. 아무리 놀아도 다시 일하고 싶어지지 않아서, 또 이렇게 놀다가 일을 아예 할 수 없는 폐인이 될까봐 불안하고 겁이 난 것이 아닐까요?

끊임없이 자기검열을 했을지도 모릅니다. 일해야 할 시간에 엉뚱한 곳에서 돈이나 낭비하며 괜한 짓을 하고 있는 건 아닐까, 이럴 거면 돈이라도 버는 편이 낫지 않았을까 하며 휴식의 효용성에 심각한 회의를 가졌을지도 모릅니다. 노는 게 노는 게 아닌 시간을 보내며 더 초조했을 수 있습니다.

놀아도 놀아도 다시 일하고 싶지 않았다면 제대로 못 놀았거나 덜 놀았기 때문일 수도 있습니다. 죽을 만큼 지쳤을 때 완전한 자유와 휴식을 취할 수 있다면 사람은 자신의 상태와 자기가 처한 현실에 대해 객관적인 시각을 갖게 됩니다. 내가 그동안 너무 힘들었구나, 이런 시간이 정말로 필요했구나, 혹은 그동안 내가 잘못 살았구나, 그렇게까지 할 일은 아니었구나,

지금껏 내게 맞지 않는 일을 했구나 등 전에 보이지 않던 것이 보입니다.

자신에 대한 객관적인 시각을 갖게 되면 하던 일을 계속하더라도 전과는 다른 마음으로 하거나 일을 아예 그만둘 수도 있습니다. 노는 일, 휴식은 성찰과 깨달음, 자기객관화를 가능하게 합니다. 깨달음과 자기객관화가 일어날 때까지 쉬는 것이 내게 필요한 적정 휴식 시간입니다. 그것이 자신에 대한 존중이고 예의라고 저는 믿고 있습니다. 저 자신과 제 남편, 세 아이들에게도 늘 말하고 실천하고 있는 제 삶의 중요한 비법이기도 합니다. 그리고 이 비법은 항상 효과 만점입니다.

"일하고 싶은 마음이 안 들면 일을 좀 줄여야 하는데 파트타임으로 일하게 되면 벌이도 적고 현실과의 괴리감도 생길 수 있잖아요"라고 하신 말씀을 보면 휴식을 충분히 누리지 못한 이유가 세상의 기준, 타인의 시선 때문이었던 것 같아요. 일에 대한 강박도 그래서 생긴 것일지 모릅니다.

"그런 상황에 닥쳤을 때 어떤 긍정적인 마음을 가져야 극복할 수 있는지 궁금해요"라는 말은 그런 점에서 자신에게 너무 가혹합니다. 죽음이 아니고는 일시정지를 허용할 수 없다는 마음으로 자신을 벼랑 끝까지 밀어붙이다가 결국 여기서 멈췄으면 하고 죽음까지 떠올린 자신에게 또다시 긍정적인 마음을 불러일으키라고 요구할 수 있나요? 그건 자신에 대한 학대일 수도 있습니다.

사람의 마음은 항상 옳습니다. 모든 것이 다 사소하고 부질없게 느껴지고 죽음만 떠오를 때에도 그럴 만한 이유가 있는 겁니다. 그 마음을 다른 긍정적인 마음으로 대체하려 해도 되지 않습니다. 내게 그럴 만한 이유가 있다는 걸 알아줘야만 문제 해결이 시작됩니다. 죽지 않고 계속 이렇게 사는 것이 불가능하다는 것을 인정해야 합니다. 죽음을 맞이하지 않고도 삶은 얼마든지 정지할 수 있으며 그 결정은 오직 나만 할 수 있다는 걸 알아야 합니다. 그렇게 하지 못할 때 내 삶에는 죽음밖에 남지 않음을, 내 숨통을 막고 있는 사람은 나라는 사실을 인정해야 합니다. 그러면 숨통이 트이기 시작할 겁니다.

내 죽음은 내가 결정해도 괜찮은 건가요?

사랑하는 사람이 존엄사를 원한다면

어떻게 해야 할까요?

— 이만큼 나이를 먹다보니 이제 죽음에 가까워진 것 같습니다. 그런데 우리에게 주어진 죽음의 방법이 별로 없는 것 같아요. 병원에서 링거 꽂고 가진 돈 다 쓰다가 침대 위에서 의식도 없이 죽거나 아니면 사고로 죽거나. 잘 죽는다는 게 뭔지 모르겠어요.

코끼리는 죽음이 다가오면 무리를 떠나 밀림으로 들어가서 혼자 죽음을 맞이한다고 들었습니다. 저는 그런 죽음이 훨씬 더 존엄하다고 생각해요. 하지만 사회통념상 아직도 존엄사와 자살 모두 죄악시되고 있습니다. 하지만 저는 자살이든 존엄사든 나쁘게만 볼 것은 아니라고 생각합니다. 만약 아내가 먼저 세상을 떠나면 남은 내 삶에 큰 의미가 있을까요? 사랑하는 사람 보내고 따라 죽으면 나쁜 건가요? 여기에 대해 묻고 싶습니다.

제 생각도 질문자분과 같습니다. 요즘은 나의 죽음을 내가 선택하는 것에 대해 전보다 훨씬 전향적인 생각을 하는 사람이 많이 늘어난 것 같습니다. 존엄사나 자살을 법과 제도로 인정하기까지는 시간이 걸릴지 모르지만 개인적으로는 그런 생각에 저항감이 없는 사람이 더 많아진 것 같아요. 물론 저도 그렇게 생각하고요.

사람과의 연결과 사랑이 삶인데 그 연결이 끊기면 삶도 끊길 수 있습니다. 그럴 때도 꼭 살아야 한다고 타인에게 강제할 권리는 어느 누구에게도 없습니다. 아무리 생각해봐도 자신의 삶에 더는 의미가 없다고 판단한다면 그다음은 자신이 결정해야 할 일입니다. 삶과 죽음에 대한 생각은 이처럼 빠르게 변하고 있는데 그에 비해 법과 제도가 너무 늦게 변합니다. 개인의 변화에 맞춰 법과 제도도 바뀌어야 한다고 생각합니다.

— 저도 존엄사에 대해 찬성하는 입장이지만, 만약 내가 사랑하는 누군가가 존엄사를 택한다면 선뜻 동의할 수 있을지 모르겠어요. 조금이라도 더 함께하고 싶으니까 어떻게든 말릴 것 같아요. 사랑하는 사람이 존엄사를 고민한다면 어떻게 해야 할까요?

사랑하는 사람이 그런 고민을 한다면 누구라도 선뜻 동의

하기 어려울 거라 생각합니다. 존엄사를 선택한 당사자도 그 결심을 할 때까지 많은 심리적 과정을 거쳤을 테니 그것을 받아들이는 사람도 그만큼 많은 과정을 거쳐야겠지요.

제 지인의 어머니께서 극심한 통증을 동반하는 만성질환으로 오랫동안 고생하시다 어느날 유서를 남기고 세상을 떠나셨습니다. 유서에는 아침에 눈뜰 때부터 잠들기 직전까지 통증을 견디며 살아가야 하는 일상, 매일 밤 다시는 눈뜨지 않길 간절히 기도하며 살았던 당신의 하루하루가 적혀 있었습니다. 마지막까지 병간호를 해준 자식들에게 고마운 마음도 써놓으셨지만 아마 자식들은 어머니의 마지막 편지를 읽으며 가슴이 무너져내렸을 겁니다. 이렇게까지 고통스러우셨으면 내게 말을 하시지, 그런 마음이었겠지요. 어머니도 매일 끔찍한 고통을 견디며 살아가야 했던 그 심정을 아무에게도 말하지 못해 얼마나 외로우셨겠어요. 그 외로움이 때론 통증보다 더 서럽고 아프지 않았을까요?

만약 제 부모님이 이런 상태라면 죽음을 택하기 전에 자식인 제게 그 고통에 대해 이야기해주셨으면 합니다. 죽음만큼의 고통에 눌려 있는 부모에게 자식으로서 마지막으로, 그리고 결정적으로 기댈 언덕이 되어드리고 싶어요. 질문하신 분은 지금 그런 일을 단지 머릿속으로 상상만 하고 있기 때문에 그런 생각을 하실 수도 있을 거예요. 하지만 실제 상황에 닥쳐서 한 사람의 극단적 고통과 마주하게 되면 지금과는 전혀 다른 결의 번민을 하게 될지도 모르겠다는 생각이 듭니다. 죽음에 대한 생각이나 태도는 그렇게 열어둬야 할 것 같아요. 실제 상황은 머릿속으로 생각할 때와 전혀 다를 테니까요.

사랑하는 사람들과 잘 이별하기 위해
나의 죽음을 준비하는 방법이 있을까요?

──배우 김자옥씨가 시한부 선고를 받고 "다행이다"라고
하신 게 참 인상적이었어요. 죽음을 준비할 시간이 있어서 다
행이라는 뜻이었겠죠. 사람은 누구나 죽지만 대부분 갑작스럽
게 죽음을 맞이하기 때문에 충격이 큰 것 같아요. 시한부 판정
을 받은 경우에는 죽음을 준비할 수 있겠지만 나머지 대부분은
그러지 못하고 사랑하는 가족에 대한 아쉬움 같은 것들을 안고
가지요.

제 주변에는 젊은 나이에도 유서를 써놓고 사는 사람이 있
습니다. 내가 죽으면 이렇게 하라고 주변 사람들에게 전할 말
을 미리 준비해놓은 거지요. 지혜롭다고 생각했습니다. 이렇게
예기치 못한 죽음으로 아쉬움을 남기지 않도록, 보통 사람들이
죽음을 준비할 방법이 있을까요?

사랑하는 사람과의 갑작스러운 이별은 내 삶을 지진과 맞

닥뜨린 도시처럼 만듭니다. 땅이 쩍쩍 갈라지고 살아오면서 구축했던 모든 것들이 땅속으로 꺼져 곤두박질치게 만드는 거지요. 사랑하는 사람이 자살이나 사고로 갑작스럽게 떠나면 남은 이의 삶은 폐허가 됩니다.

내 집에 함께 살던 친구가 어느날 아무 말 없이 집을 나가서 영영 돌아오지 않는다면 오만가지 생각이 다 들지 않겠어요? 왜 내게 아무 말도 하지 않았을까, 나는 그에게 어떤 존재였나, 우리가 함께했던 시간은 무엇이었나, 그는 내게 서운했나, 화가 났나, 나를 무시한 건가, 아니면 내가 자기를 무시했다고 여겼나? 걱정이 되었다가 화가 났다가 억울했다가 냉소적인 반응을 보이다가 다시 걱정하다가 도돌이표처럼 돌고 도는 감정 속에서 녹초가 되어가겠지요. 사랑하는 사람의 갑작스러운 부재는 그보다 더한 핵폭탄만큼 큰 충격을 남깁니다.

암 의심 징후로 재검사하기까지 며칠을 비교적 잘 보내고 난 후 우리 부부는 이런 이야기를 하곤 했습니다. 둘 중 한명이 말기암 진단을 받았다면 그때도 죽음의 공포에 휘둘리지 않을 수 있었을까 하고요.

그러던 어느날 페이스북에서 지인의 글을 보게 됐습니다. 40대 여성 둘이 집 앞 길가에서 죽어 있는 고양이를 발견했답니다. 그 고양이를 만져보니 몸은 뻣뻣한데 아직 따뜻하더래요. 죽은 지 얼마 안 된 거지요. 다행히 가방에 손수건 두장이 있어서 그걸로 고양이를 싸안고 1시간 동안 고양이 다리를 주물러줬다고 해요. 그러고는 집에서 명절 선물로 받은 굴비 한 마리를 가지고 나와서, 네가 추워서 죽었는지 굶어서 죽었는지 병이 나서 죽었는지 알 수는 없지만 마지막 가는 길에 굴비랑 같이 가라 하면서 고양이와 함께 묻어줬답니다. 고양이에게 굴비라는 이름도 지어주고요.

그 글을 보고 남편과 이야기를 했어요. 길 가다가 죽은 고양이를 보면 나는 만질 수 있을까, 다리를 주물러줄 수 있었을까? 저는 못 만질 것 같았습니다. 그렇다면 내 안에 아직도 죽음을 피하게 만드는 것은 무엇일까? 두 여성은 어떤 마음이었기에 죽은 고양이를 1시간 동안 주물러줄 수 있었을까? 죽음을 대하는 아직 완전하지 못한 나의 태도에 대해 여러 생각들을 했습니다. 우리 둘은 그간 트라우마 현장에서 사랑하는 이를 잃은 사람들과 만나며 죽음에 대한 이야기를 무수히 나눠왔는데 그 끝은 항상 우리 자신의 죽음에 대한 이야기였습니다.

죽음에 대한 생각이 우리 부부의 일상에 미친 영향 가운데 이런 게 있습니다. 우리는 저축을 하지 않습니다. 미래를 대비하기 위한 돈이 의미가 없다고 생각해서입니다. 십여년 전 그간 매달 부어왔던 보험들마저 모두 해지해버렸습니다. 세월호 참사 후 안산으로 거처를 옮기면서 생계를 위해 하던 일들도 다 그만두면서 가입한 실손보험 하나가 우리 부부의 미래를 대비한 유일한 장치입니다. 그거면 충분하다고 생각했습니다. 우리가 경험한 생생한 삶의 현실은 노후나 미래를 대비하는 것 자체가 비현실적인지도 모른다는 자각이었거든요. 매 순간 우리 삶에 가장 가까이 붙어 있는 것이 죽음이라는 생각, 들숨과 날숨 사이마다 죽음이 어려 있다는 생각이 우리에게 늘 있으니까요. 그 때문에 돈을 모으는 일은 우리 부부의 삶에서 가장 불필요한 일이 되었습니다.

우리 부부가 내린 나름의 결론은 '지금 여기'만을 삶으로 여기고 살자는 것입니다. 잠시 후에 영영 못 보는 상황이 될지라도 덜 아쉽고 덜 후회스러운 삶을 사는 것 외에 미래를 대비하는 다른 방도는 없다고 생각했습니다. 그래서 '지금 여기'와 '지금 내 앞에 있는 사람'에게만 집중합니다. 많이 웃고 많이 느끼고 많이 나눕니다. 평소에 저는 "나는 한 300년쯤 산 것 같다"는 말을 하는데 그건 아마도 제가 선택한 제 삶의 순간들을 최대치의 밀도로 채웠기 때문일 거라 느낍니다.

몇년 전 어느날, 집에서 함께 이야기하던 저의 연인이자 친구, 반려이자 영원한 배후인 그가 급성심근경색으로 인한 심정지로 쓰러졌습니다. 아무런 전조도 없이 순식간에 일어난 일이었습니다. 그날 그 순간 나와 그의 동선이 3분만 어긋났어도 지금 이 시간은 저와 그에게는 없는 시간입니다. 반사적인 CPR과 응급시술, 입원치료를 거쳐 남편은 극적으로 회생했고 그 덕분에 우리의 일상이 다시 펼쳐질 수 있었습니다.

그날부터 펼쳐진 두달은 죽음 곁에서 지낸 시간이었습니다. 그렇게 죽음의 문턱까지 다녀오고 나니 확실해졌습니다. 남편의 심정지 이후 우리 둘은 삶과 죽음에 대한 명료한 결론 하나를 얻었습니다. 죽음을 위한 대비는 충분히 사랑하고 충분히 사랑받았다는 사실 외에는 없다는 것을요. 그것이 죽음에 대한 유일한 대비책이라는 것을 확실하게 알게 됐습니다.

이번 일을 거치면서 우리 부부는 거의 동시에 "이제는 진짜 죽을 준비가 된 것 같다"라고 고백했습니다. 죽음에 대한 공포가 거의 사라졌습니다. 죽어도 특별한 회한이 없을 것 같습니다. 이별의 위협 속에서 둘이 함께했던 지난 시간들을 샅샅이 훑어보니 사랑하고 사랑받은 시간으로 가득 차 있었음을 확인해서입니다. 그걸 확인하니 이제는 언제 헤어져도 준비가 됐다는 마음이 듭니다. 여한이 없다, 미련이나 아쉬운 것이 남아 있지 않다는 생각이 공포까지 밀어낼 수 있는 줄 새삼 알게 되었습니다.

더 정교하게 말하자면 '사랑하고 사랑받았다'가 아니라 '사랑하고 사랑받은 삶을 살았음을 확인할 수 있었다'는 것이 죽음에 대한 진정한 대비인 것 같습니다. 죽음 앞에서 여유롭게 자신의 삶을 통째로 확인할 수 있는 시간이 누구에게나 주어지지는 않을 텐데, 우리는 이번 일을 겪으며 그 시간을 기적처럼 가질 수 있었습니다. 생의 마지막 축복이었습니다.

내가 누군가를 사랑한다면 상대방이 사랑받고 있음을 느끼는 데까지 가야만 온전한 사랑이라고 늘 말하며 살았는데 죽음도 같은 이치였습니다. 김자옥씨의 말에도 깊이 동의합니다. 죽음을 준비할 시간이 있다는 것은 내 삶에 대단한 축복일 수 있다는 말은 단순한 수사가 아닙니다. 그 말이 진리임을 저는 뼈저리게 느낍니다.

사랑하고 사랑받는다는 것은 사랑하는 사람과 함께했던 시간에 온전히 집중하고 몰입하는 행위의 다른 표현입니다. 그것이 제가 내리는 사랑의 정의이기도 합니다. 그 사랑을 확인하는 시간은 죽음의 위협을 넘어서게 해줬습니다. 물론 그것이 사랑하는 사람을 잃은 후의 슬픔과 그리움까지 넘어서게 할 수는 없겠지만 그 대신 그의 부재에 집중하고 몰입하며 마음껏 슬퍼할 수 있게 할 겁니다. 눈물과 슬픔 속에서 그 사람이 '내가 마음껏 사랑했던 사람, 내게 충분히 사랑받았던 사람'으로 반복해서 떠오른다면 저는 남은 생도 버틸 수 있을 것 같습니다. 만약 제가 먼저 떠난다 해도 제가 그런 느낌으로 남아 있다면 그 역시 그렇게 살 수 있을 것 같습니다. 그래서 덜 염려하며 떠날 수 있으리라 생각합니다. 충분히 사랑하고 사랑받았다는 사실을 서로 제대로 확인하지 못하고 이별하는 것은 생살을 찢는 일입니다.

막대한 부를 가진 사람이 스스로 목숨을 끊으면서 남긴 유서가 세상에 알려진 적이 있습니다. 유서 내용의 대부분은 돈과 관련된 것이었습니다. 형제 간의 재산 상속 문제 등으로 갈등이 있었는데 유서의 대부분이 그 돈 문제에 관한 자세한 정황에 할애되었습니다. 한 사람이 삶을 마감하는 순간에 쓴 글의 대부분이 돈에 관한 것이었다면 그 삶은 얼마나 허망한 것이었을까 싶었습니다. 돈 문제로 보이지만 사람 문제였을 텐데, 사람 문제로 보여도 사실은 사람 마음의 문제였을 텐데, 그것을 돈 문제로만 여기다 비극적인 상황을 맞게 된 건지도 모룹니다.

　죽음에 대한 대비가 없는 삶은 태풍에 뿌리째 뽑히는 나무
처럼 한순간에 꺾일 수 있습니다. 죽음에 대한 준비가 되니 어
떻게 살아야 할지 더 명료하게 알게 된 것 같습니다.

따돌림 피해로 아들을 잃은 엄마에게
주변 사람들이 가해자를 용서하라고 합니다.

──저는 40대 평범한 주부입니다. 학교에서 집단 따돌림
으로 중3 아들을 잃은 친구가 있습니다. 친구의 아들을 죽음까
지 몰고 간 가해 학생 중 한명은 평소 집에 놀러 오기도 하고
친구가 차려준 밥도 먹고 갈 만큼 아들과 친한 사이였다고 합
니다. 아들을 잃고 고통과 절망에 빠진 제 친구에게 주위의 사
람들 몇몇이 "네 마음의 평화를 위해서라도 가해 학생인 아들
친구를 용서해줘라"라고 말한다고 합니다. 그 아이를 용서하
면 친구가 조금이라도 더 편안해질까요? 그게 가능하긴 한 걸
까요?

우리는 보통 슬픔, 분노와 같은 부정적인 감정은 나쁘고
자제해야만 하는 것, 결국은 나를 상하게 만드는 것이라는 생
각을 합니다. 반은 맞지만 반은 틀립니다. 남을 해치는 분노도
있지만 나를 지키는 분노도 있습니다. 갑질을 일삼는 사람의

일상적 분노처럼 권력을 가진 사람이 상대방을 투명인간 취급하며 일방적으로 자기 감정만 분출하는 행위, 그로 인해 상대방의 마음을 심각하게 더럽히고 훼손하는 것이 남을 해치는 분노입니다. 이것은 감정 표현이 아니라 감정 배설이며 심리적 폭력이고 범죄입니다. 절대 하지 않아야 하는 나쁜 일이 맞습니다.

그와 반대로 자기를 지키는 분노는 표출하지 못했을 때 오히려 그 사람 자신이 병이 들거나 망가질 수 있습니다. 자기의 심리적 마지노선을 침범당했을 때나 인격적 모욕을 당했을 때의 분노는 표출하는 것이 건강한 행위입니다. 충분히 표출하도록 주변의 지지를 받을 수 있어야 그 사람의 내면이 훼손되지 않고 지켜집니다.

생때같은 아들을 잃은 엄마가 가해자에게 갖는 분노는 정당합니다. 더할 수 없을 만큼 끝까지 분노하고 증오할 수 있어야 합니다. 그 감정을 바닥까지 다 끄집어낼 수 있도록 누군가 전적으로 공감하고 함께 분노해줄 수 있어야 합니다. 끝까지 분노할 수 있으면 마침내 가해자를 용서하는 일이 더 쉬워집니다. 그러나 그런 정당한 분노를 막으면서 가해자를 용서하라고 강요하는 것은 이미 심리적 마지노선이 무너진 사람을 다시 짓

밟는 일입니다. 슬픔에 잠긴 피해자의 고통스러운 마음을 충분히 공감해주지도 못한 상태에서 가해자를 용서하는 숙제까지 안겨서는 안 됩니다. 피해자에게 해서는 안 되는 일입니다.

아들을 잃은 엄마가 당장 가해자를 용서할 수 있을까요? 당연히 불가능합니다. 마음껏 분노하고 그 마음을 충분히 공감받는 날들이 켜켜이 쌓이면 어느날 가해 학생에 대한 연민이 생길 수도 있습니다. 그때까지 기다려줘야 합니다. 용서는 그때 할 수도 있습니다. 그렇게 시간을 가지고 해야 합니다. 슬픔에 잠겨 있는 사람에게 용서를 말하는 사람은 트라우마 피해자에게 2차 가해를 하는 사람입니다.

**암 투병 중인 어린 딸이 저와 죽음에 대해
이야기하고 싶어합니다.**

— 12살인 딸이 혈액암으로 투병 중인데 얼마 전 세번째
재발을 했습니다. 치료를 받느라 학교도 제대로 다니지 못했고
저와 함께 있는 시간이 많았습니다. 몇년 전에 아이가 죽음 비
슷한 이야기를 한 적이 있는데 제가 피했습니다. 아이가 다시
죽음에 대한 이야기를 꺼내면 어떻게 해야 할까요?

아이가 그 이야기를 꺼낸 건 엄마와 그에 대해 이야기하고
싶거나 죽음에 대해 궁금하고 알고 싶지만 잘 알 수 없기 때문
일 겁니다. 아이 입장에서는 어떤 이야기든 엄마와 함께 나눌
수 있다면 좋겠지요. 죽음에 대한 이야기도 예외일 수 없습니다.

그런데 지금 엄마가 생각하는 죽음과 투병 중인 12살 아이
가 떠올리는 죽음은 다를 수도 있을 겁니다. 그러므로 아이가
다시 이야기를 꺼낸다면 어렵겠지만 외면하지 마시고 천천히,
가능한 담담하게 아이가 말하는 죽음이 어떤 것인지를 물어봐

주시면 좋겠습니다. '너는 죽음이 뭐라고 생각하는데?' 그 질문에 대한 아이의 대답이 '엄마를 못 보는 거'일 수도 있고 '더이상 강아지 밥을 주지 못하는 거'일 수도, 아니면 우리가 상상하지 못하는 뜻밖의 이야기일 수도 있습니다.

엄마를 곤혹스럽게 하는 죽음이라는 질문에서 시작됐지만 실제로 하게 될 이야기는 딸과 엄마의 관계나 딸이 엄마를 얼마나 사랑하는지에 대한 이야기 혹은 돌보고 있는 강아지에 대한 염려와 같은 딸의 일상에서 가장 소중한 것에 대한 이야기, 즉 아이 삶의 고갱이에 대한 이야기일 것입니다. 그것이 어떤 것이든 내 딸이 가장 소중하게 여기는 것에 대한 이야기라면 지금 바로 거기에 더 많은 관심을 기울여야 합니다. 사랑하는 딸과 딸이 사랑하는 것에 대해 마음껏 이야기할 수 있으면 더없이 좋은 일이지요. 그런 과정을 통해서 딸아이가 가진 죽음에 대한 막연한 불안도 줄어들 것이라 생각합니다. 사랑의 실체를 알고 서로 확인하는 일, 그것을 딸아이의 삶에 빛의 속도로 퍼부어주는 일은 죽음에 대한 두려움을 가진 딸과 엄마 모두를 꼿꼿하고 단단하게 지켜주는 유일한 방패가 될 거예요. 죽음 앞에서는 아이나 어른이 본질적으로 다르지 않습니다.

죽음과 가까워진 요즘 아이들,
언제 어떻게 죽음을 알려주는 게 좋을까요?

    —— 요즘은 예전과 다르게 아이들도 죽음과 많이 가까워진 것 같아요. 학교에서 같이 놀던 친구가 자살하는 경우도 있고, 매체를 통해 간접적으로 여러가지 형태의 죽음을 경험하기도 하고요. 부모로서 아이들에게 언제, 어떤 방식으로 죽음을 알려주는 게 좋은지 궁금합니다.

    내가 모르는 것을 남에게 가르쳐줄 수 없듯이 부모라고 해서 아이에게 죽음에 대해 정확하게 알려줄 수는 없습니다. 다만 아이가 실감하는 죽음에 대한 두려움, 친구를 잃은 슬픔에 심리적으로 동참할 수는 있습니다. 그것이 죽음에 대한 최선이라고 저는 느낍니다.

    한해에 한명 정도 자살 사건이 벌어진다는 어느 고등학교에서는 또 그런 일이 생겨도 아무 일도 없었던 것처럼 지나간다는 이야기를 들은 적이 있습니다. 연례행사처럼 반복되는 일이라 모두가 무덤덤해졌다는 겁니다. 그 학교와 교사들의 대처 방식을 보면 어른들조차 죽음 앞에서 어떤 태도를 취해야 할지 전혀 모르고 있다는 생각이 듭니다.

죽음을 가까이에서 접하는 것은 쓰나미에서 살아남은 사람의 심리 상태와 똑같습니다. 그간 삶이라고 생각했던 모든 것이 한꺼번에 쓸려간 듯한 공황 상태에 빠집니다. 아무것도 생각할 수 없고 머릿속은 텅 빈 듯이 멍해져서 모든 것이 무의미하다는 느낌에 압도됩니다. 친구가 한순간에 사라졌는데 주위 사람들이 아무 일도 없었다는 듯 행동한다면 아이들은 세상과 인간 존재 자체에 대한 엄청난 분노, 아무것도 할 수 없는 자신에 대한 완전한 무력감, 먼저 간 친구에 대한 죄책감 등으로 학교 건물 높이만큼의 압박감을 느낄 겁니다. 그런 감정들이 아이를 짓눌러 결국 아이의 내면은 뒤틀리게 됩니다.

죽음을 만나면 무엇보다 먼저 슬퍼할 수 있어야 합니다. 아이가 아무것도 못할 만큼 울더라도 그 슬픔을 막지 말아야 합니다. 세상을 떠난 친구에 대해 자녀에게 물어봐주고, 그 이야기를 충분히 들어주고, 친구의 추모공원에 가고 싶어하면 잘 다녀오라고 차비를 쥐어줄 수 있습니다. 시간이 된다면 동행해줄 수도 있겠지요. 비극적으로 세상을 떠난 아들 친구의 천도

제를 자기 아들과 함께 지내주는 부모를 본 적이 있습니다. 그 아이는 친구를 잃은 충격과 고통에서 천천히 잘 걸어 나왔습니다. 부모의 도움이 결정적이었지요.

방법은 무한대지만 그 핵심은 아이가 마음껏 슬퍼할 수 있도록 지지해주어야 한다는 것입니다. 그것이 죽음 곁에 서 있는 아이에게 어른들이 해줘야 할 최소한의 의무입니다. 친구의 부재를 충분히 슬퍼할 수 있는 아이라야 친구에 대한 죄책감과 자신에 대한 무력감에서 벗어날 수 있습니다. 자신의 슬픔에 함께 동참해준 어른이 있어야 세상과 인간에 대한 불신과 분노를 거두어들일 수 있습니다. 그래야만 슬픔을 이겨내고 마침내 자기 삶을 살아낼 수 있습니다. 그러지 못하면 표출되지 못한 감정의 더미 속에서 불필요하게 에너지를 소모하면서 제 삶을 갉아먹게 됩니다. 에누리 없는 감정의 법칙입니다.

어른이라고 아이들에게 죽음을 가르칠 수 있다고는 생각하지 않습니다. 우리 어른들에게 그럴 자격이 없다는 사실을 인정해야 합니다. 어떤 충고나 성급한 조언이나 염려를 보태지 않고 아이들의 옆에서 견뎌주는 것이 필요합니다. 그것을 방해하는 조바심이나 편견, 두려움을 이겨내는 일이 어른들이 노력하고 해내야 하는 일인 것 같습니다.

친구의 자살로 3년째 힘들어하는 아들,
제 아들에게 문제가 생긴 건 아닐까요?

— 제 아들이 대학 1학년이던 해에 중학교 때부터 친했던 친구가 자살을 했습니다. 아들은 아직도 헤매고 있는 것 같습니다. 이젠 일상으로 돌아올 때가 되지 않았을까요. 혹시 아들에게 어떤 정신적인 문제가 있는 건 아닌지 걱정됩니다.

일상으로 돌아와야 한다는 걸 몰라서 돌아오지 않는 사람은 없습니다. 그러므로 이제 일상으로 돌아올 때가 되지 않았냐는 이야기는 필요가 없는 말입니다. 친구와 함께한 순간들을 충분히 기억하면서 충분히 그리워하고 충분히 애도했다는 느낌이 들면 아이는 자연스럽고 편안하게 일상으로 돌아옵니다. 이젠 잊어야지, 내가 자꾸 이러면 안 되는데, 빨리 털어버려야지, 정신 차려야지 같은 생각은 일상으로 돌아오는 시간을 지연시킵니다. 조바심 때문에 충분히 애도하지 못해서 그렇습니다.

친구를 잃은 괴로움 때문에 미친 듯이 공부에 집중하는 아이도 있습니다. 죽은 친구에 대해 자꾸 생각하다보면 너무 괴로우니까 그 괴로움에서 벗어나기 위한 방편으로 무언가에 미친 듯이 집중하는 거지요. 그 방편이 공부가 되기도 하니까요. 그런데 어른들은 아이에게 어떤 고통이 있더라도 아이가 공부에 집중하기만 하면 무조건 좋은 징조로 봅니다. 칭찬을 하기도 하지요. 애가 마음을 잡았나보다, 애가 이제 일상으로 돌아왔나보다 하고요.

어른들 중에도 사랑하는 사람을 잃은 후에 미친 듯이 일에 집중하는 사람이 있습니다. 아이들이 공부에 빠져드는 것과 같은 이치지요. 고통을 잊기 위한 방편으로 다른 것에 집중한다는 측면에서 그렇습니다. 그런데 그게 위험합니다. 지금 내가 무언가를 필사적으로 잊으려고 한다는 건 그만큼 괴롭다는 증거입니다. 무조건 피하려고 하면 나중에 그에 대한 심리적 댓가를 고스란히 치르게 됩니다. 에누리는 없습니다.

계속해서 떠오르는 고통이 있다면 우선 거기에 마음을 써야 합니다. 그리워지면 충분히 그리워하고 울고 싶으면 충분히 울어야 합니다. 그런 과정을 충분하게 거친 사람은 일상으로 돌아가지 말고 계속 거기에 머물러 있으라고 사정을 해도 그렇게 하지 않습니다. 충분히 머물면더 홀가분하게 떠날 수 있습니다.

　그러므로 일상으로 돌아가야 한다는 주문은 필요치 않습니다. 사람에게는 본래의 무의식적 균형성, 건강성이 있습니다. 충분히 채워지면 저절로 떠나게 되어 있습니다. 본능적인 마음의 작용입니다. 기억하지 않으려 하고 자꾸 떠나려고 지우려고 하면 오히려 그 고통에서 한발짝도 떠나지 못하고 매여 있는 자신을 발견하게 됩니다. 마음의 법칙이 그렇습니다.

아버지가 돌아가셨는데

주변에 아픔을 나눌 사람이 없습니다.

── 슬픔을 억누르지 말고 표현하라고 말씀해주셔서 너무 감사했습니다. 그런데 주변에 제 슬픔을 공유할 사람이 없으면 어떻게 해야 할까요? 얼마 전에 저희 아버지께서 돌아가셨습니다. 저는 너무 슬픈데 같이 사는 남편은 아버지와 만난 적이 별로 없어서 무덤덤한 것 같습니다. 제 슬픔을 공감하지 못하는 남편 앞에서 계속 힘들어하는 모습을 보이면 남편도 지치고 힘들 것 같아서 표현을 참고 있습니다. 아버지를 잃은 슬픔에 대해 이야기하고 함께 울고 싶은데 같은 슬픔을 가진 어머니나 형제들은 전부 멀리 떨어져 있어서 만나기 어렵습니다. 저는 어떻게 해야 할까요?

내 슬픔에 대해 이야기한다는 것은 슬픔의 대상인 아버지에 대해 이야기하는 것이 아니라 아버지와의 이별로 슬픔을 느끼는 내 마음에 대한 이야기를 하는 것입니다. 남편에게 몇번

만난 적도 없는 아버지 이야기를 해주는 게 아니라 아버지가 내게 어떤 존재였는지, 그런 존재를 잃은 지금 내 마음은 어떤지에 대해 이야기해주는 것이지요. 그것을 잘 인식한다면 남편이 공감하지 못할까봐 염려하지 않게 될 겁니다. 내 아내의 마음, 내 아내의 슬픔에 대한 이야기이니 무덤덤할 수 없지 않겠어요.

만일 그래도 남편이 내 이야기에 공감하지 못한다면 남편이 내게 집중하지 못하는 사람(혹은 상태)이거나 내가 내 슬픔을 제대로 표현하지 못해서일 수 있겠지요. 아버지를 잃은 슬픔, 그런 내 마음에 대해 말하고자 이야기를 시작해도 실제로는 아버지가 어떤 사람이고, 어떤 삶을 살았는지를 이야기하는 데에서 그치는 경우가 많습니다. 그런 삶을 산 아버지를 보면서 성장했던 내 마음, 그런 성향의 아버지와 함께 살면서 느꼈던 내 심정까지 연결하지 못하는 경우가 많아요. 그러면 상대방은 내 이야기에 공감하지 못하거나 무덤덤할 수 있습니다. 내 마음에 밀착하지 못하고 끝나는 이야기는 상대에게 제대로 스미지 않습니다.

자신이 잘 모르는 사람, 오래 접하지 않았던 사람에 대한 이야기는 상대적으로 관심이 덜 갈 수 있습니다. 당연합니다.

하지만 아버지 이야기와 연결된 내 슬픔, 내 감정을 담은 이야기라면 전혀 다르지요. 오히려 남편이 아내를 더 깊이 이해하는 계기가 될 수도 있습니다. 아버지 이야기에서 시작됐지만 본질적으로 나의 이야기여서 그렇습니다.

만약 이런 상황에서 옆에 남편도 없는 경우라면 어떻게 할까요. 그래도 방법이 있습니다. 아버지 사진을 보면서 혹은 아버지를 모신 곳에 가서 아버지에게 내 슬픔을 꺼내놓고 이야기하면 됩니다. 아버지가 떠난 후 지금 내 마음이 어떤지 아버지에게 시시콜콜 말하는 겁니다. 아버지에게 혼자 말하다 울고 다시 이야기하고 또 울다가 아버지 마음은 어떤지도 묻고 그러면 왜 안 되겠어요. 아버지 생전에 못 했던 말도 아버지 앞에 다 꺼내놓고 할 수 있지요. 그러다보면 아버지가 생전에 못 했던 말들도 들리지 않겠어요? 아마 짐작할 수 있을 겁니다. 그렇게 아버지에게 직접 이야기를 하면서 내 슬픔도 충분히 꺼내놓을 수 있습니다.

반대로 내 슬픔에 깊이 공감해줄 사람이 곁에 있더라도 내가 내 슬픔을 제대로 꺼내지 못하면 그 슬픔에서 빠져나오지 못합니다. 공감해줄 누군가가 곁에 있으면 좋겠지만 그 사람의 도움을 받으려면 내가 내 슬픔을 제대로 꺼내놓을 수 있어야 합니다. 그것이 슬픔에서 자유로워지는 방법의 핵심입니다.

기억하고 싶은 문장

힘든 수밖에 없는 상황에
힘들어 하는 것은 정상입니다

힘든 상황에서 힘들어하지 않고 지나가는 것이 더 걱정스러운 일입니다. 그러면 나중에 반드시 심리적인 댓가를 치르게 됩니다. 힘든 일을 만났을 때 충분히, 마음껏 힘들어할 수 있어야만 그다음 삶으로 나아갈 수 있습니다. 고름은 시간이 지난다고 살이 되지 않습니다. 고름을 빼내야만 그 위에서 새살이 꾸둑꾸둑 올라오기 시작합니다. 마음껏 울고, 마음껏 미안해하고, 마음껏 그리워하고 마음껏 연민할 수 있어야 합니다. 그 과정을 충분히 공감 받고 격려받을 수 있어야 합니다. 그것이 슬픔을 겪은 이에 대한 예의이고 그에게 전하는 마지막 존중이며, 동시에 슬퍼하는 자신에 대한 예의이자 존중입니다.

힘들 수밖에 없는 상황에

힘들어 하는 것은 정상입니다

벼락같은 이별앞에 목놓아 울수 있어야
나머지 샒은 비틀대지 않고 살수 있어요.

사랑하는 사람과 헤어져야 하는 벼락같은 이별과 맞닥뜨렸을 때, 슬픔을 슬퍼할 수 있도록 도와주는 일은 그래서 사람을 살리는 일입니다. 우리가 살면서 반드시 배워야 하는 것이 있다면 그건 사랑하는 사람과 헤어진 뒤 슬픔에 대처하는 법입니다. 어느 누구도 피할 수 없는 일이기 때문에, 살면서 한번은 반드시 직면하게 되는 일이기 때문에 그렇습니다. 그것이 변하지 않는 삶의 진실입니다. 사랑하는 사람의 죽음은 남아 있는 사람에게 그만큼 압도적이고 파괴적인 영향을 줍니다. 그래서 사랑하는 사람의 죽음은 나의 죽음이기도 합니다.

벼락같은 이별앞에 목놓아 울수 있어야
나머지 생을 비틀거지 않고 살수 있어요.

고통에는 등급이 없습니다.
모든 고통은 개별적이고 주관적입니다.

고통을 줄 세우는 시선은 뜻밖에 자기 상처를 덧나게 하고 타인의 고통에 소금을 뿌리기도 합니다. 의도치 않게 누군가에게 상처를 주기도 하고요. 고통과 슬픔에 대한 인식이 또다른 고통을 낳는 겁니다. 모든 고통은 개별적이고 주관적입니다. 그 생각만으로도 고통을 견디고 치유하는 데 도움이 됩니다.

고통에는 등급이 없습니다.

모든 고통은 개별적이고 주관적입니다.

교양100그램 4

애도연습

초판 1쇄 발행 / 2018년 9월 17일
개정판 1쇄 발행 / 2024년 7월 12일

지은이 / 정혜신
펴낸이 / 염종선
책임편집 / 김새롬
조판 / 황숙화
펴낸곳 / (주)창비
등록 / 1986년 8월 5일 제85호
주소 / 10881 경기도 파주시 회동길 184
전화 / 031-955-3333
팩시밀리 / 영업 031-955-3399 편집 031-955-3400
홈페이지 / www.changbi.com
전자우편 / human@changbi.com

ⓒ 정혜신 2024
ISBN 978-89-364-8028-8 03300

＊ 이 책 내용의 전부 또는 일부를 재사용하려면
   반드시 저작권자와 창비 양측의 동의를 받아야 합니다.
＊ 책값은 뒤표지에 표시되어 있습니다.